KB157111

탁월함의 발견

탁월함의 발견

김민기 지음

프레너미
FRIENDLY PUBLISHING

contents

|1장|

원하는 게 없어도 좋다

| 4장 |
자유로워지는 순간

꿈은 없다

"너는 꿈이 뭐니?"

애매한 질문이다. 우리들 대다수는 꿈에 관한 올바른 질문을 받지 못했다. 꿈을 훈련하는 법도 배우지 못했다. 꿈은 생기는 것이 아니다. 발견하고 만들어가는 것이다.

초등학생들은 대답을 잘한다. 연예인, 과학자, 소방관, 공무원, 유튜버, 의사, 변호사, 판사 등등. 하지만 이건 꿈이라고 말하기 어렵다. 그냥 최근에 본 멋있어 보이는 사람이거나 부모들이 좋다고 말한 직업일 뿐이다. 중고등학교 때는 꿈이 뭐냐는 질문을 받지 않는다. 성적을 묻고 그 성적으로 갈 수 있는 대학이 꿈의 자리를 차지한다. 대학생이 되면 취업이 그 자리를 차지한다.

그러는 중에도 가끔 비슷한 질문을 받는다.

"너는 하고 싶은 일이 뭐야?"

같은 뜻이지만 권유형의 말을 들을 때도 있다.

"하고 싶은 일을 하고 살아. 두 번, 세 번 사는 것도 아닌데."

이런 말을 들으면 생각한다.

내가 진짜 하고 싶은 일은 뭘까?

간절한 무엇, 생각만 해도 두근두근 심장이 뛰는 일, 완전히 몰입해서 시간이 어떻게 갔는지도 모르는 일, 인생 전체를 바쳐 만들어 나가고 싶은 그런 일.

어린 시절부터 꼼꼼하게 기억을 되짚어 봐도 그렇게 간절한 건 없었다. 좀 재미있는 일은 있었어도 간절하지는 않았다. 이렇게 단언하는 이유는 간절한 무언가를 가진 사람은 지금 그 일을 하고 있을 것이기 때문이다. 결국은 '간절한 꿈을 갖는 것이 간절한 꿈'이 된다.

사람들이 묻는 '꿈이 뭐니?'라는 질문에서 꿈은 그냥 직업이다. 거칠게 다시 말하면 이렇다.

"너 커서 뭐 해 먹고 살래?"

직업은 내가 만든 것이 아니다. 다른 사람이 만들었다. 그 직업을 가지려면 다른 사람이 만든 기준에 나를 맞춰야 한다. 공무원이 되려면 국가가 만든 시험에서 남들보다 우수한 성적을 받아야 한다. 대기업에 취업하려면 그 기업이 만든 기준에 맞아야 한다. 그래서 간절하지 않다.

그래서 자유롭지 않다. 내 세상이 아니니까. 내가 기준이 아니니까.

꿈의 시작은 내 안에서 찾아야 한다.

"돈을 못 벌어. 주위 사람들이 인정해주지도 않아. 그런데 나는 너무 재미있어. 그래서 돈을 들여서라도 평생 재미있게 할 수 있을 것 같은 게 뭐야? 그 일을 알기 위해 너 자신을 얼마나 경험해봤어?"

꿈에 관한 질문은 이것이어야 한다. '네가 이걸 하면 얼마의 돈을 줄게'라는 것은 직업이다. 해야 하는 세계이지 하고 싶은 세계는 아니다. 일단은, 계산하지 않아야 진짜 좋아하는 일을 찾을 수 있다.

재미있는 일을 찾았다고 꿈이 되지 않는다. 여기서 그치면 취미의 수준에서 머문다. 간절한 꿈이 되려면 **자기만의 해석이 있어야 한다. 그래야 나만의 꿈이 된다.**

친구 셋이서 영화를 본다. 같은 영화를 봤지만 각자 다르게 영화를 본다. 한 친구는 지루했다고 한다. 한 친구는 재미있었다고 한다. 그런데 한 친구는 배우들의 연기, 카메라의 앵글, 미장센, 음악, 감독의 전작까지 말한다. 자기만의 해석으로 영화를 보려면 배우를 알아야 하고, 카메라의 움직임을 알아야 하고, 음악을 알아야 하고, 감독의 전작까지 봐야 한다. 그리고 영화에 대한 폭넓은 지식이 있어야 한다. 그 정도는 해야 자기만의 해석이 가능하다.

욕구는 무엇이 결핍되어 있는 상태에서 무의식적으로 그 결핍을 해결하려는 심리이고, 욕망은 자기가 스스로 의식적으로 부족을 느껴서 추구하는 것이다. 욕구는 자연스러운 상태이되 욕망은 자연스럽지 않다. 욕구와 욕망은 비슷해 보이지만 정반대의 영역이다.

음식을 먹고 싶고, 잠을 자고 싶은 것은 욕구의 영역이다. 그냥 생긴다. 그리고 먹고 자면 없어진다. 꿈은 욕망의 영역이다. 재미있는 일이 꿈이 되려면 의식적으로 에너지를 투입해야 한다. 돈과 시간을 투자해야 한다.

동물은 욕구는 있지만 욕망은 없다. 욕망은 인간만이 가진 고도의 정신활동이다. 그런 욕망을 훈련한 소수의 사람들이 인간을 달에 가게 했고, 자동차를 만들었고, 백신을 만들었고, 컴퓨터와 인터넷, 휴대폰을 만들었다. 지금 우리가 살고 있는 세상은 취업한 사람들이 아니라 자신의 꿈을 지키고 키워온 사람들이 만들었다.

'나만의 세계를 구축해가는 것.'

나는 꿈을 이렇게 정의한다. 꿈에 대한 나의 해석이다. 다르게 말하면 인생에 대한 나의 해석이다. 자기만의 세계를 구축한 사람은 자유를 쟁취한다. 원하는 시간에, 좋아하는 공간에서, 마음 맞는 사람들과 자기 세계를 만들어간다. 그리고 더 나아가 자신만의 작업을 통해 특별한 성취감을 맛보기도 한다.

분명한 확신을 가지고 자기만의 세계를 구축해 나가는 것은 아주 아주 힘든 일이다.

그래서 이 책은 다수를 위한 책이 아니다.

터지고 깨지더라도,

진짜 진하게 자기 인생을 살고 싶은,

안정적이고 편안한 삶보다

치열하지만 역동적인 삶을 살고 싶은

소수의 사람을 위한 책이다.

나는 평범한 욕구를 가진 다수가 아니라 자신만의 욕망을 가진 특별한 소수들을 만나고 싶다. 그들과 소통하며 서로의 에너지를 나누며 자기만의 세계를 구축해 나가는 희열을 함께 느끼고 싶다.

1장

원하는 게
없어도
좋다

인류가 몰랐던 진실

우린 모두 천재다.

학교에서나 사회에서 우리는 나보다 뛰어난 사람들,

엄청난 능력을 발휘하는 사람들을 보고 자라왔고,

그들을 경외했고 그들과 나의 차이점을 발견하고

위축되고 좌절했다. 하지만 그것은 기준설정의 오류였다.

그 사람이 특정 분야에서는 뛰어날 수 있어도

인생 모든 부분에서 완벽할 수는 없다.

얼마 전 돌아가신 이어령 박사의 인터뷰를 본 적이 있다.

그분의 수많은 책을 통해서 또 강연을 통해서

'아 정말 대단하신 분이구나, 어떻게 이런 지식과 통찰력을

가질 수 있지?'라는 생각을 했었다.

그런데 그 인터뷰에서 의외의 답변을 듣게 됐다.

"나는 존경은 받았으나 사랑은 못 받았다. 그래서 외로웠다.
세속적인 문필가로 교수로, 장관으로 활동했으니 성공했다고
할 수 있을 것이다. 그러나 나는 실패한 삶을 살았다. 겸손이
아니다. 나는 실패했다. 그것을 항상 절실하게 느끼고 있다."

나는 깜짝 놀랐다.
'문화부 장관, 대학교수, 최고의 지성으로 존경받는 분이
뭐가 더 아쉬워서 실패한 인생이라고 하지…?
삶의 기준이 도대체 얼마나 높은 것일까?'
그런데 그게 아니었다.

"내게는 친구가 없다. 그래서 내 삶은 실패했다.
혼자서 나의 그림자만 보고 달려왔던 삶이다.
동행자 없이 숨 가쁘게 여기까지 달려왔다. 더러는 동행자가
있다고 생각했지만, 나중에 보니 경쟁자였다."

본인 당신이 개인적으로 이룬 건 많아도
자기 주위에는 사람이 없다는 것이다.
가족들과도 친밀한 시간을 보내지 못했고
친구로 알았던 사람들도 나중에는 다 경쟁자였고…,

18

그래서 한평생 자기 그림자만 쫓는 외로운 인생이라고 했다.
그 인터뷰를 본 사람들은 어찌 봤을지 몰라도
난 그 음성과 눈빛에서 이어령 박사의 말이
진심이라는 걸 느낄 수 있었다.

난 두 가지 생각이 들었다.
첫 번째는 '이어령 박사는 정말 겸손한 분이구나.
밝히고 싶지 않은 자신의 부족한 부분을 솔직히 인정하다니…',
이런 부분이 그분이 가진 그 어떤 지식의 양이나 명예보다
더 대단하다는 생각을 했다.
두 번째로 우리는 지식이라는 부분에서는
이어령 박사처럼 살 수 없지만 인간관계에서는
훨씬 더 탁월한 삶을 살 수 있다는 것이다.
가족들과 즐거운 추억을 만들 수도 있고
연말이나 특별한 기념일엔 소중한 몇몇 친구들과
아주 깊은 교감도 나눌 수 있다.
어떻게 보면 이런 거는 탁월한 게 아니라 보통사람들이라면
그냥 할 수 있는 거 아니냐고 반박할 수 있지만
이어령 박사 입장에서는 우리의 이런 따뜻한 인간관계가
굉장한 탁월함으로 보일 것이다.
우리가 어떤 기준을 가지고 사회를 바라보느냐,
또 어떤 잣대로 나를 평가하느냐에 따라

삶은 완전히 다르게 해석될 수 있다.

우리 각자는 누구나 천재성을 발휘하고 살 수 있지만
보편적 기준의 사회 시선, 평균적 교육, 다른 사람들의 평가
그리고 이때까지 너무나 적은 수의 기준들(배경, 학력, 경제력,
외모 등)로 우리 스스로를 너무 일찍 포기한 것이 아닐까?
아니 한 번도 제대로 우리 삶을 살아보지 못한 것이 아닐까?
그냥 먹고사는 문제에 온힘을 다 쓰고
천재성을 발휘할 기회를, 생각을 스스로 박탈하지는 않았을까?

교만과 겸손….
나는 교만은 자기만 언제나 대단하다고 생각하는 것이고,
겸손은 다른 사람들을 배려하고 공손하게 대하는 것이라고
생각했었다. 하지만 진짜 교만은 다른 사람의 천재성을
인정하지 않는 것이고 겸손은 내가 모든 분야에서
뛰어나지 않고 부족한 점이 있다는 것을 인정하는 것이다.

삶의 변화는 결단, 노력부터가 아니다.
내가 천재였다는 사실을 분명히 인정하는 것부터
새로운 삶은 시작된다.
그 다음은 천재성을 발휘할 당신만의 세계만 찾으면 된다.

나로 가득 찬 인생

살아 있다고 해서 모두 자기 인생을 사는 건 아니다.
나로 산다는 것은 자기를 표현하며 사는 것이다.
이렇게 말하면 참 오랜만에 자기를 들여다본다.
그런데 표현하고 싶은 게 별로 없는 것 같다.
음악가도 아니고, 화가도 아니고 시인도 아닌데
뭘 표현할 게 있나 싶기도 하다.
그럴 수밖에.
우리는 표현하기보다 참는 훈련을 받았다.
나를 표현하는 것보다 사회에 적응하라는 요구를
더 많이 받았다. 빠르게는 초등학교 때부터
온통 해야 할 일로 가득 차 있었다.
성인이 되어도 종목만 바뀔 뿐 여전히 해야 할 일이

가득하다. 해야 할 일이 중심에 있으니
하고 싶은 일은 늘 뒤로 밀린다.
원하는 일에 관심을 가지는 대신
해야 하는 일을 열심히 하고 살았다.
그 일을 왜 해야 하는지 월급 이외의 의미는 모른다.
적극적인 선택이 아니니까 몰입도 되지 않는다.
'과연 이 일을 하는 게 맞는 것일까?'
의문도 들지만 사회는 그런 여유를 허락하지 않는다.
'쓸데없는 생각'을 하는 본인을 탓하기도 한다.
그렇게 자기 자신을 자신의 삶에서 소외시킨다.
가끔씩 본인이 좋아하는 취미나 놀이를 통해
쌓인 스트레스를 푸는 게 고작이다.
그러다 성급한 결론을 내리기도 한다.
'나는 표현하고 싶은 것, 간절하게 하고 싶은 게 없는
사람이구나. 다들 그러고 사니까 나도 괜찮은 거 아닐까.'
그 많은 공부를 하면서도 자기 자신에 대해서는 공부하지
못했다. 나한테 관심을 가질 여유도 없었고
내 자신을 충분히 경험하지 못했다. 그러니 내가 무엇을
진짜 원하는지 어떤 것에 기쁨을 느끼는지 알 수가 없다.

"하던 일 다 때려치우고 좋아하는 걸 찾으라고?"
다 때려치워야 할 수도 있고 아닐 수도 있다.

그 전에 해결해야 할 질문.

'나는 왜 사는가?'

초등학교 6년, 중학교 3년, 고등학교 3년,

대학 들어가는 데 12년을 보냈다.

나 자신을 발견하는 데는 얼마나 많은 시간이 걸릴까.

어느 정도의 에너지가 필요할까. 과연 이때까지 살면서

자기 자신을 공부하는 데는 얼마나 시간을 썼을까.

먼저 자기 인생에게 진지하게 고백해야 한다.

그리고 자신에게 분명한 메시지를 전달해야 한다.

'나는 나로 살아야겠어. 나로 가득 찬 삶을 살고 싶어.'

Who am I

오후 6시가 다가오면 설렌다. 퇴근 때문이 아니다.
매일 하는 밴드 연습 때문이다.
두 시간 동안 서로 실력을 키우면서 조율해 나가는 과정이
정말 즐겁다. 사람들의 박수를 받지 않아도 좋다.
그저 음악을 하는 게 좋다. 연습이 끝나면 잠들 때까지
그 두 시간을 음미한다.
다음 날 아침에 일어나면 연습할 생각에 벌써
두근두근한다. 나에게 직장은 악기를 살 수 있게 해주고
연습실 임대료를 낼 수 있게 해주는 고마운 회사다.
야근을 하지 않게 최대한 업무 효율을 높이는
방식으로 집중해서 일한다. 회사 사정으로 어쩔 수 없이
야근을 할 때는 연습을 하지 못해 괴롭다.

하지만 주말에는 하루 종일 연습할 수 있다.

밴드 덕분에 인생이 즐겁다.

이런 사람을 만난다면 나는 그와 대화하고 싶다.

내게는 매력적인 사람이다.

오늘 하루, 그 자체가 목적인 활동은 무엇이었나.

그 시간은 얼마나 되는가.

열심히 일하는 것, 열심히 공부하는 것은

자기만족은 있어도 자기 충만함은 없다.

사람은 밥이 나오지 않아도, 떡이 나오지 않아도

할 일을 할 때 충만감을 느낀다.

'젊을 때 잠깐이지 결혼하고 애 낳고 하면

어떻게 밴드를 하니?'

맞는 말이다. 그렇게 생각하면 밴드 혹은 나만의 활동을

하지 않으면 된다. 선택의 문제일 뿐이다.

나는 밴드 활동을 해본 적이 없다. 밴드를 인생에 걸쳐

하고 싶다면 그 방법은 본인이 찾아야 한다.

하루 이틀 고민하고 방법이 없다고 포기한다면,

욕망의 수준이 딱 거기까지인 거다.

원하니까 방법을 찾는 게 아니고 방법이 있으면 하겠다는.

친구들과 대화 중에 '너는 왜 그 일을 하냐?'고 물었을 때

깊은 고민 없이 '왜는, 그냥 먹고살려고 하는 일이지'

하고 대답하는 것을 자주 듣는다. 틀린 말은 아니지만
인생의 운영체제가 '먹고사니즘'이라면 슬프다.
아니 슬퍼야만 한다. 불안하지 않을 만큼, 다른 사람들보다
조금 더 가지는 것을 목표로 산다면 안타깝다.
누군가는 태어나면서부터 이미 가진 것을
나도 가지기 위해 애쓰는 삶을 살고 싶지 않다.
많은 사람들이 잊어버리고 산다.
'인생은 한 번뿐이고 언젠가 죽음은 온다.'
오직 나이기 때문에 만들 수 있는 세계를
만들어가는 게 좋지 않을까. 나는 그게 좋다.
내 세계이기 때문에 내가 기준이다. 그래서 자유롭다.

당신 잘못이 아니다, 아직까지는

"여기 사과와 배가 있습니다.

사과와 배 중 어느 것을 드시겠습니까?"

둘 중 하나를 선택했다면 미끼를 물어버린 것이다.

둘 중 하나를 선택하라는 요구를 받으면

사람은 쉽게 다른 과일을 잊어버린다.

과일 외에 다른 먹거리도 떠올리기 어렵다.

우리는 이런 교육을 받았다.

보기 중에 하나를 선택하라고 강요받았다.

주관식 문제에도 주관이 들어갈 자리는 없었다.

출제자가 정해놓은 정답을 잘 외워서 쓰는 걸

주관식이라고 했다. 심지어 독자 마음대로 해석하는 게

묘미인 시조차도 시험에서는 정답이 있었다.

고등학교에 가면 2학년 때 학생들을 두 종류의 인간으로
나눈다. 선생님과 몇 번의 상담을 하고, 내가 원하는
대학교 학과를 정하면 그 다음은 문과와 이과로 나뉜다.
문과적 인간과 이과적 인간? 터무니없다.
세상에 문과형 인간, 이과형 인간은 없다.
그냥 개개인에게 맞는 교육제도를 발명하지 못한 거다.
교육제도 전체를 폄하할 생각은 없다.
현실적인 한계도 분명 있다.
그러나 '나를 나이게 하는 교육'이 아니었다는 건 분명하다.
첫 번째 책을 내고 20대 청춘들의 이야기를
들을 수 있었다.
"학교 오래 못 다닐 것 같아요.
도저히 의미를 못 찾겠어요.
교수님도 대강 가르치고 애들이랑 대화도 안 통하고.
애들도 왜 다니는지 모르겠대요.
제가 계속 학교를 다녀야 할까요?"
이런 고민을 하는 청춘들, 되게 많다.
학과 선택을 잘못했다는 것도 아니고 취업 걱정도 아니다.
중요한 건 의미다. 대학에서 공부하는 것이 자기 인생에서
어떤 의미인지 묻고 있다. 그 자신이 아니라
일반 직장인을 만드는 교육이니까 거부감이 생기는 것이다.
그런데 어디로 가야 할지 모른다. 방법을 모른다.

당연하다. 그런 교육을 받아본 적이 없으니까.

스스로 학습 시스템을 만들고 새롭게 교육받아야 한다.

학교에서 해주지 않았으니 지금이라도 시작해야 한다.

노동자의 뇌

'저 사람은 진짜 자기 인생을 살고 있구나.'

'정말 멋진 인생을 살고 있구나.'

이런 느낌을 주는 사람은 만나기 어렵다.

특별히 운이 나빠서가 아니다. 드물기 때문이다.

200년 전 우리 조상은 신분사회에서 살았다.

100년 전에는 일제강점기였다.

70년 전에는 전쟁 중이었고 50년 전에는 끼니를 걱정했다.

'하고 싶은 일을 하며 산다'는 개념이 인류사 전체로 보면

이제 막 나온 것이나 다름없다.

아주 미약한 문화적 유전자라는 것이다.

강력하고 거대하며 유구한 역사를 자랑하는 문화적

유전자는 노동(labor)이다.

노동력을 제공한다, 그 대가를 지급받는다.

이게 익숙하다. 고용되는 게 편하게 느껴지는 것이

당연하다. 육체적인 유전자도 우리를 돕지 않는다.

모든 생명체의 제1과제는 생존과 번식이다.

인간도 다르지 않다.

갓 알에서 깨어난 병아리는 매를 보면 숨고

사람도 큰 소리가 나면 자동으로 몸을 움츠린다.

동물들이 짝을 찾듯, 인간도 짝을 찾는다.

동물들은 먹이 문제가 해결되면 최대한 에너지를 아낀다.

사람도 크게 다르지 않다.

'나는 노동자로 살기 위해 태어나지 않았다.'

나는 이렇게 결정했다.

무슨 일을 할지 고민하기 전에 먼저

어떤 삶을 살지 결정해야 한다.

노동하는 인생 말고 작업(work)하는 인생을 살려면

다른 접근이 필요하다. 완전히 다른 철학,

다른 세계관을 갖추지 않으면 노동자의 뇌를 버릴 수 없다.

그러기 위해서는 지금까지와는 다른 질문을 던져야 한다.

'나는 누구인가?'

'나는 누구여야만 하는가?'

'이 일은 내게 어떤 의미인가?'

인류사에 얼마 되지 않은 낯선 질문이다.

진짜 주관식이어서 정답도 없다. 쉽지 않은 도전이다.

하지만 의미가 있기에 권하는 것이다.

내 안에 있는 줄도 몰랐던 나를 발견하는 일은 놀랍다.

새롭게 발견한 나를 성장시키는 일은 즐겁다. 인생에서

나를 몹시 즐겁게 하는 일 한 가지는 가져도 되지 않을까.

수고한 하루보다 멋진 하루가 나는 좋다.

그렇게 살아도 되는 세상이 왔다.

신르네상스 시대가 왔다

중세시대의 중심은 신이었다.

그림을 그려도 신을 그렸고 음악도 신을 위해 만들어졌다.

인간은 그 자신인 인간을 소외시켰다.

그러다 인간 중심이었던 고대 로마로 돌아가자는

문예부흥운동이 일어났다. 르네상스의 시작이다.

이제 인간은 그 자신을 돌아보게 되었다.

인간을 그렸고 그림에 신이 나와도 인간과 대등하게

묘사되었다. 신을 찬양하고 신의 목소리에 귀를 기울이던

시대에서 인간의 소리에 귀를 기울이게 되었다.

이런 흐름 속에서 레오나르도 다빈치, 미켈란젤로,

라파엘로 등 위대한 천재들이 세상에 빛을 발하면서

유럽 전역을 일깨웠다.

몇 년 전부터 세상에 없던 직업이 생겼다. '유튜버'.
유튜브라는 플랫폼에 자신만의 콘텐츠를 올리고
그것을 좋아하는 사람들이 많아지면
그 숫자에 따라 보상도 받는다.
예전에는 유튜버들이 돈을 얼마나 버는지 알 수 없었지만
지금은 구글에 검색만 해봐도 구독자와 조회수에 따라
어느 정도의 수입이 가능한지 자세히 나와 있다.
다수의 어른들은 절대 이해 못하는 세계다.
"젊은 놈이 일은 안 하고 방에 처박혀서
게임이나 하고 있다니."
유튜브라는 플랫폼이 없었다면,
대도서관은 어른들에게 이런 평가를 받았을 것이다.
"결혼까지 한 놈이 잘 다니던 회사 때려치우고
방에서 영화나 보고 있다니."
빨강도깨비가 받았을 평가다.
유튜브뿐만 아니라 틱톡이나 인스타그램을 활용해서
콘텐츠를 기획, 업로드하고 본인의 인지도에 따라
광고가 붙기도 하고 수많은 팬들이 생기기도 한다.

나는 지금 이 시대를 신르네상스라고 부르고 싶다.
르네상스와 다른 점은 평범한 개인들이 목소리를 낼 수 있게
되었다는 것. 인터넷 시대에 우리는 많은 정보들을 스스로

찾아낼 수 있게 되었다. 정보의 대중화가 이뤄진 것이다.
그리고 스마트폰이라는 엄청난 발신기를 모두 소유함으로써
일방적으로 콘텐츠를 제공받던 시대에서 누구나 자신만의
콘텐츠를 대중에게 전달할 수 있는 시대가 된 것이다.
이전에는 글을 쓰면 책으로 나와야 알려질 수 있었다.
방송은 몇몇의 유명한 작가와 피디들만이 기획했다.
미디어는 소수의 사람들이 장악하고 있었다.
하지만 지금은 누구나 자기 방송을 할 수 있다.
인류의 역사에서 개인이 이토록 자유롭게, 이토록 멀리
자기를 표현할 수 있는 시대는 없었다.
표현으로만 그치지 않는다. 일정 정도 이상의 관심을 모으면
수익도 창출된다. 스마트폰으로 촉발된 SNS를 통한
초연결 사회가 가능하게 한 세상이다.

신르네상스 시대가 왔다. 지금은 두려워할 게 아니라
자기 목소리를 가져야 할 때다. 그걸로 승부를 낼 수 있는
시대다. 학벌을 묻지 않는다. 부모가 누구인지 묻지 않는다.
오로지 콘텐츠다.
최근 초등학생들의 장래희망으로 유튜버가 상위권에
올랐다고 한다. 예전에는 전문직들이 많았다.
돈을 많이 벌거나 사람들이 인정해주기 때문이었다.
나 역시 이 범주에서 벗어나지 못했다.

경영학과에 입학하고서 교수님의 질문을 받았다.

"학생은 나중에 무슨 일을 하고 싶은가?"

"공인회계사가 되고 싶습니다."

지금 생각해도 낯이 뜨거워진다. 사실 당시에 공인회계사가

무슨 일을 하는지도 몰랐다. 그냥 그 일을 하겠다고

이야기하는 것만으로도 뭔가 우쭐해졌던 기억이 난다.

지금의 아이들은 유명한 유튜버가 돈을 많이 벌고,

인기가 많아서 그 직업을 선호하는 것도 있다.

하지만 자신만의 콘텐츠를 개발하고, 그것을 통해 많은

사람에게 기쁨을 줄 수 있는 것에 매력을 느끼는 거 같다.

그래서 지금 직장생활을 하거나 다양한 직업군에 있는

사람들도 어떻게 하면 SNS를 통해

새로운 수입을 만들 수 있을까 고민하기도 한다.

그렇다면 우리가 진지하게 고민해야 할 질문은 무엇일까?

'플랫폼에 무엇을 실을 것인가?'

이게 핵심이다. SNS에 시선을 뺏기면 안 된다.

핵심은 자기 콘텐츠다. 자기 콘텐츠를 만들면

그에 맞는 플랫폼을 찾으면 된다.

단순히 유명 유튜버나 인스타그램 인플루언서들의

구독자 수를 부러워하면 안 된다.

진짜 부러워해야 할 것은 그들이 그 플랫폼 안에서

자기만의 콘텐츠를 만들어내고 있다는 것이다.

의사, 대기업 회사원, 공무원 등 진로라고 일컬어지는
직업은 정해진 길이 있다. 정해진 방법이 있다.
열심히 하면 될 것 같고 다수도 그렇게 간다.
그래서 안전해 보인다.
하지만 자기만의 세계는 아직 안 보인다.
무엇을 어떻게 할지 구체적인 방법도 정해진 게 없다.
기준도 없다. 내가 다 만들어야 한다. 그래서 두렵다.
하지만 자기만의 비밀 프로젝트가 있는 사람은 멋있다.
구독자에 연연하는 사람은 자기 목소리를 오래 낼 수 없다.
대중을 따라가게 되고 무리하게 되고 쉽게 지친다.
자기 작품을 만들면서 그 자리에서 자기만의 성을 구축하면
언젠가 발견된다. 그리고 거기에 동참하고 싶은 사람들이
생기게 된다. 인류역사상 개인들이 절대로 가질 수 없는
기회의 시대가 열린 것이다.
자기 세계 구축의 최고는 예술가다.
대표적인 예술가들은 다들 자기만의 세계를
구축한 사람들이다.

예술성을 가지고 산다는 것

나는 고흐를 좋아한다.

미술공부를 시작한 지 몇 년밖에 되지 않아서

그의 화풍이나 색채를 말로 표현할 능력은 없다.

여러 책이나 미술 칼럼에서 고흐에 대한 설명을 읽는다고

해도 그건 평론가들의 말이지 나의 말은 아니다.

느낌은 있지만 말로 나올 만큼 충분히 쌓이지 않았다.

하지만 그의 삶을 생각할 때 나는 감동한다.

어떤 미술 수업에서 들었다.

"미술가의 위대함은 그가 가진 명성과 인지도가 아니다.

그들도 우리와 똑같은 사람이었고,

그들도 엄청난 인간적인 고뇌와 어려움에 처했다는

사실이다. 그것에 집중하라. 그리고

'내가 만일 그 상황이라면 나는 어떻게 행동했을까?

과연 그 상황에서 꾸준히 작품 활동을 할 수 있었을까?'

이런 질문을 스스로에게 던진다면

정말 어마어마한 차이를 느낄 수 있을 것이다."

고흐가 역사상 가장 유명한 화가는 아닐 수 있다.
하지만 내가 보기에 가장 처량하고 불행한 삶을
살았던 화가 중 으뜸이라고 한다면 역시 고흐다.
자기 귀를 자르고 정신병원에 갇히고 끝내 37세의 나이에
자살로 삶을 마감한 화가.
고흐의 전직은 전도사였다. 잘하지 못했다.
해고되고 백수가 되었다. 화상이었던 동생 테오의 권유에
따라 그림을 그리기 시작했다. 고흐는 밀레를 좋아했다.
밀레를 따라하던 시절, 고흐의 그림을 보면 내가 봐도
잘 그리지 못했다. 모방을 계속해 나가면서 점점 자기만의
스타일을 만들어 나갔다. 그런데 전혀 팔리지 않았다.
평생 800점을 그렸는데 〈붉은 포도밭〉이라는 단 한 점만
팔렸을 뿐이다.

〈씨 뿌리는 사람〉, 밀레

〈씨 뿌리는 사람〉, 고흐

지금은 너무나 유명해진 〈감자 먹는 사람들〉을 그렸을 때는
본인이 그린 그림이 정말 만족스러워서
동생에게 보낸 편지에 이렇게 썼다.
"이제부터 나도 유명한 작가가 될 수 있어.
사람들이 이 그림을 보면 깜짝 놀랄 거야."
하지만 한 달이 가도, 두 달이 가도 팔리지 않았다.
실망한 고흐는 동생이 자기를 질투해서
일부러 팔지 않는 거라고 오해하기도 했다.
고흐는 평생 동생의 지원을 받으며 살았다.
그런데도 그림을 그만두지 않았다.
내게 더 놀라운 것은 고흐가 자기 스타일을 버리지
않았다는 것이다. 당시에는 화사한 그림이 잘 팔렸다.
당시 한 화가는 〈감자 먹는 사람들〉을 보고
왜 그렇게 지저분한 빛깔을 사용하느냐고 평했다.

〈감자 먹는 사람들〉, 고흐

자신이 가장 만족하는 그림조차 팔리지 않으면,

거기다 악평까지 있으면

자기 스타일에 대한 의심을 하기 쉽다.

"나는 더 어둡고 지저분한 빛깔로 그릴 것이다.

그 탁한 빛깔 속에도 얼마나 밝은 빛이 있는지

사람들은 알지 못한다. 어둠 속에서도 빛나고 있는

이들의 삶을 진실을 담아낼 것이다."

고흐는 부잣집 숙녀보다 농부의 딸이 더 아름답다고 생각했다.

농부는 주일에 정장을 차려입고 교회에 갈 때보다

밭에서 일하는 옷차림일 때가 더 아름답고 생각했다.

그는 자기를 속이지 않았다.

세계를 보는 자신의 시각을 버리지 않았다.

자신의 그림에서 자기를 소외시키지 않았다.

"나는 색채와 구성에 의한 새로운 미술,
예술적인 삶에 의한 새로운 미술이
절대적으로 필요한 것으로 믿고 있다.
그렇게 믿고 그림을 그린다면
우리가 헛된 희망을 쫓지 않았다는 것을 보여줄 수 있는
기회가 반드시 찾아올 것이라고 생각한다."

그러나 세상 누구도 그의 그림을 인정해주지 않았다.
단 한 명, 테오를 빼고.
고흐를 지원하면서 테오도 힘들었다.
지원을 그만두겠다는 생각도 무수히 했다.
"형은 예술가야. 그것도 아주 드문 재능을 가진 예술가.
그런 예술가를 지원하지 않는 것은 용서 받지 못할 일이야."
고흐가 지금 이 시대에 살고 있다면 어떨까.
세계적으로 유명한 화가는 아닐 수 있다.
하지만 가난하고 외로운 화가는 아니었을 것이다.
여전히 그의 그림이 주류의 흐름에서 벗어나 있었다고
해도 세계 곳곳에 그의 그림을 좋아하는 마니아들이
있었을 것이다. 그 마니아들이 고흐에게 물감 값을
대주고, 생활비도 제공해줬을 것이다.
지금은 초연결 사회니까. 고흐가 자신이 그림 그리는
장면을 촬영해서 유튜브에 올리기만 해도

많은 팬들이 나왔을 것이다.

그림을 그릴 때마다 인스타그램에 올렸어도 물감 생산

업체들이 자기네 물감을 사용해달라고 경쟁했을 것이다.

우리는 고흐가 될 수 없다.

하지만 그를 범접하지 못할 천재로 추앙해서는 안 된다.

그러면 천재가 그린 놀라운 작품밖에 안 된다.

나는 그를 특별하지 않았던 한 인간으로 본다.

그런 사람이 내면에서 자신만의 싹을 발견하고

그것을 키워 자기 세계를 구축해낸 것이다.

그래서 특별해졌다. 특별한 사람이 특별해진 게 아니고

평범한 사람이 자기 세계를 구축하면서 특별해진 것이다.

그래서 고흐는 감동이다.

VAN GO. H

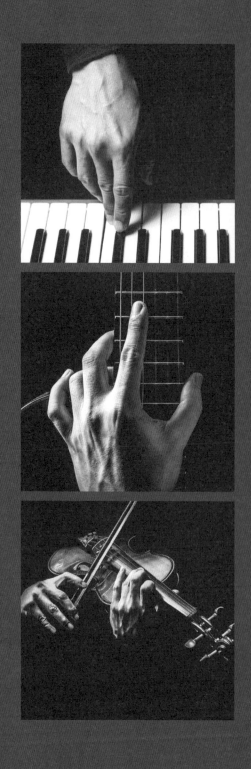

나로 존재한다

미술도 눈을 떠가는 단계이고
음악도 귀를 열어가는 단계다.
둘 다 여러 체험들로 먼저 배워가는 중이다.
아직 작품 그 자체가 주는 감동보다
아티스트 그들의 삶이 주는 감동이 더 크다.
고흐는 그림이 팔리지 않는데도 자기 세계를 지켰다.
미술세계에서 고흐가 감동이라면
음악세계에는 베토벤이 있다.
베토벤은 좀 다른 방식으로 자기 세계를 지켰다.

베토벤의 아버지는 음악가였다.
당시 유럽에서 가장 유명한 음악가는 모차르트였다.

베토벤의 아버지는 자기 아들도 그런 명성을 얻기를
원했다. 하지만 너무나 엄격하게 음악교육을 시켰다.
베토벤은 어렸을 때부터 무서운 환경 속에서
두려움을 느끼며 음악수업을 받았다고 한다.
본인의 끊임없는 노력으로 베토벤은 젊어서 인정을 받았다.
수년간 후원해주던 귀족도 있었다.
그의 이름은 리히노프스키 공작.
베토벤이 건강이 안 좋아졌을 때 공작은 자기 별장에서
편히 쉬면서 작품 활동을 할 수 있도록 배려해주었다.
하지만 편안한 시간은 오래 가지 못했다.
어느 날 공작의 친구들이 그 성에 놀러왔다.
공작은 그 유명한 베토벤이 자기 성에 있음을 자랑했고
베토벤에게 친구들 앞에서 연주를 해달라고 부탁했다.
좀 기분이 나쁘더라도 공작의 체면을 생각해서
연주해줄 수도 있을 것 같은데 베토벤은 그 자리에서
바로 짐을 싸서 성을 나왔다고 한다.

베토벤은 그렇게 크게 화를 내며
리히노프스키 공작을 떠났다.
이후 그에게 보낸 편지가 정말 인상적이다.
"영주, 당신은 무엇인가요. 당신은 우연과 출생을 통해
존재하지요. 나는 나입니다. 나는 나를 통해 존재합니다.

영주들은 그렇게 있고 앞으로 또 수천 명이 있겠지요.
베토벤은 오로지 한 명입니다."
귀족은 그 가문에 태어남으로써 귀족이 된다.
그냥 태어난 것뿐이다. 예술가는 다르다.
예술로서의 어느 것 하나 그냥 주어지는 것이 없다.
자기 세계의 한 발 한 발이 모두 쟁취한 것이다.
베토벤은 그 가문에서 출생함으로써 그냥 주어진 안정적인
조건보다 어렵더라도 본인의 세계를 만들어 나가는
예술성을 훨씬 더 가치 있다고 생각한 것이다.
그 당시까지 음악가들은 귀족들의 후원을 받았다.
경제적인 부분은 해결이 되지만 후원은 일정 부분 족쇄가
될 수밖에 없다. 베토벤은 귀족이나 교회에서 월급을 받는
방식이 아니라 본인의 연주회를 기획하고 개최해
경제적인 문제를 해결했다. 자기가 하고 싶은 음악, 자기가
정의한 음악을 하기 위해 자유 음악가의 길을 선택했다.
물론 쉽지 않았다. 비발디와 모차르트도 시도했지만
실패한 길이었다.
게다가 37세부터 귀가 안 들리기 시작했다.
음악가에게 가장 중요한 소리를 듣는 능력.
최고의 음악가에게 주어진 최악의 고통이었다.
여러 번 음악을 그만둘까도 고민했었다.
하지만 베토벤에게 음악은 어렵다고 포기할 수 있는

그런 대상이 아니었다. 그런 어려움조차도 본인의
음악성을 유니크하고 가치 있는 것으로 만들 수 있는
엄청난 사고의 전환을 한 것이다.
베토벤은 이렇게 이야기하고 있다.
"유한한 존재로서 무한한 것을 추구하는 우리들은
고난을 겪고 환희를 추구하도록 태어났다.
훌륭한 것들은 고난과 환희를 통해 얻게 된다."
고난을 겪고 만드는 음악, 그것을 통한 환희.
그래서 실러의 〈환희의 송가〉라는 시를 〈합창〉에
넣었는지도 모르겠다. 교향곡에 성악을 도입한 것은
베토벤이 처음이었다.
이런 스토리를 알고 그의 음악을 들으면
그것은 그냥 클래식이 아니다.
인간이 도저히 극복할 수 없을 것 같은
엄청난 시련을 이겨낸 한 인간의 인생이 느껴지면서
감동을 넘어 경외감까지 느끼게 되는 것이다.

"나는 고독하다. 참으로 고독하다. 부득이한 경우가 아니면
나는 세상 사람들 사이로 나가지 않는다.
나는 쫓겨난 사람처럼 살아갈 수밖에 없다.
사람들이 모인 자리에 가면 내 병을 사람들이 알아차리지
않을까 하는 무서운 불안에 사로잡힌다."

귀가 들리지 않는 음악가로 살면서도 그는 끝없이 궁리했고
자유를 지켜냈다. 그리고 이렇게 말할 수 있었다.
"고귀함이야말로 왕을 만드는 것이기에
심지어 가난할 때에도 나는 왕으로 살았다."
반하지 않을 수 없다.
유혹의 순간은 반드시 온다. 그것은 돈일 수도 있고,
권력일 수도 있고, 어려움일 수도 있다.
유혹에 넘어가 자기 세계에 대한 존중을 잃어버린다면
그 세계의 가치는 훼손된다.
'나는 누구인가?'
잘못된 질문이다.
'나는 누구여야만 하는가?'라고 물어야 한다.
이 질문에 대한 뜨거운 해답을 가진 사람이
신르네상스 시대의 강자다.
그런 사람들이 발견되는 시대다.

바스키아를 만나다

1248억 원!

한 화가의 작품이 소더비 경매에서 낙찰되었다는 뉴스를
보았다. 미술은 내게 없던 세계였다.

우연히 이웃을 만났고 그분이 한국 고미술품의 대가였다.

보험가만 100억 원짜리 그림을 그분 집에서 보기도 했다.

나에게 아직 젊으니 미술공부를 해보라고 권해주셨다.

여러 화랑도 소개시켜주시고 우리나라의 미술세계도
자세히 설명해주셨다.

그렇게 미술이라는 세계가 내게 왔다.

그런 일이 없었다면

그냥 그런가 보다 하고 넘겼을 것이다.

무슨 그림인데 1000억 원이 넘을까?

〈무제(Untitled)〉라는 작품. 이상하다. 언뜻 보기에는

어린이가 낙서한 것처럼 보이는 그림이었다.

'어지간한 중고생도 그릴 만한 그림으로 보이는데….

뭐가 있긴 할 텐데, 과연 뭘까?'

장 미셸 바스키아. 모르는 사람이었다.

검색을 좀 해보니 27세에 요절한, 검은 피카소라고 불린

화가가 21세에 그린 거라고 했다.

그의 재능을 알아본 앤디 워홀의 도움으로

이른 나이에 충분히 유명해진 사람이었다.

마돈나와 열애설도 돌았다고 한다.

'내가 몰랐지 유명한 사람이었구나.'

그나저나 이 그림의 가치를 알아본 사람은 누굴까?

그림을 그리는 작가도 대단하지만 그 작품성을 알아보고

그만한 금액으로 그림을 산 사람은 더욱 궁금했다.

마에자와 유사쿠. 역시 모르는 사람이었다.

다시 검색. 일본의 사업가로 상고를 졸업한 후

밴드 활동을 했다. 음악을 좋아하니까 미국에서 음반을

가져와서 온라인으로 팔았는데 대박이 났다.

이 성공을 기반으로 조조타운이라는

인터넷 의류 쇼핑 플랫폼을 만들었다.

온라인 쇼핑몰 1세대로 4조 원의 자산가가 되었다.

그는 이전에도 500억 원이 넘는 바스키아의 그림을

산 적이 있었다. 나보다 고작 네 살 많았다.

그때부터 약간의 오기가 발동하기 시작했다.

나와 몇 살 차이도 나지 않는 사람이

어떻게 이런 거부가 되었으며

또 어떻게 그림 하나에 1000억 원을 쓸 수 있을까?

몇몇 인터뷰 기사를 봐도 마에자와 유사쿠에 대한

자세한 이야기는 나오지 않았다.

하지만 천문학적인 돈을 들여 세상에서 가장 유명한

그림들을 샀으니 뭔가 특별한 사람이라는 느낌이

강하게 들었다. 한 달 후에야 그 이유를 알게 되었다.

이번에는 마에자와 유사쿠가 일론 머스크와 함께 나왔다.

일론 머스크는 전기 자동차 테슬라를 설립한 인물이다.

일론 머스크가 창립한 또 다른 회사인 스페이스X는

2023년 민간인 최초의 달 여행을 계획하고 있다.

그 첫 번째 승객이 마에자와 유사쿠라고 했다.

일론 머스크는 마에자와 유사쿠가 엄청난 돈을

지불했다고 말했다.

"어릴 때부터 달을 사랑했다. 달 여행은 내 일생의 꿈."

그럴 수 있겠다 싶었다. 그럴 만한 재력이 있으니까.

그런데 티켓을 한 장만 산 게 아니었다. 우주선을 통째로

빌리고 그 안의 10개 정도 좌석을 다 사버렸다.

그리고 2023년 전 세계에서 지구를 대표할 수 있는

작가, 작곡가, 사진가, 건축가, 화가, 디자이너 등
예술가들을 초대해서 달 여행을 함께 한다고 했다.
그들을 우주로 데려가 지구와 달을 보여주고 그 영감으로
만든 작품들을 온 인류의 유산으로 남기고 싶다고 했다.
이른 바 'Dear Moon Project'.

그 기사를 보고 다리가 후들거릴 정도의 충격을 받았다.
어떻게 동시대에 이런 큰 꿈을 꿀 수 있다는 말인가?
나는 그냥 경제적으로 자유로워져 내가 하고 싶은 일을
평생 하고 싶다는 정도의 꿈밖에 생각해본 적이 없는데,
마에자와는 본인의 부로 전 인류에게 큰 영감을 주려고
하다니. 마에자와는 바스키아의 그림을 보면서
이 프로젝트를 생각했다고 한다.

'정말 엄청나다. 충격적으로 큰 꿈이다.'

내가 아주 작게 느껴졌고, 한편으로는 마에자와가

그런 꿈을 꾸게 만든 바스키아의 그림이 정말 궁금했다.

도대체 어떤 그림이기에 그런 꿈을 꾸게 만들지?

그림이 무척 보고 싶었다.

개인 소장 작품이라 언제 나올지 모른다.

그런데 일본인 친구가 본인의 SNS에 그 바스키아

그림을 배경으로 사진을 하나 올렸다. 드디어 나타났다.

일본에서 현재 전시 중이라고 했다.

바로 메시지를 남겼다.

'내가 2주 후에 그 그림을 보러 갈게.'

그림을 보러 일본에 갔는데 내가 가기 3일 전에 전시가

끝났다는 비보를 들었다. 전시 기간을 잘못 알고 있었다.

낙담했다. 어이없게 일생일대의 기회를 놓쳤다.

근처 서점에서 바스키아 화보집만 샀다.

너무나 허탈했고, 언제 다시 보게 될지 모르는 그림이라

아쉬움이 정말 컸다.

또 얼마가 지났다. 프랑스 파리에서 바스키아 전시회가

열린다는 기사가 떴다. 마에자와는 그 작품을 보면서

거대하고 멋진 꿈을 생각해냈다.

나는 무엇을 느낄 수 있을까.

두근두근 아들과 함께 파리에 갔다.

그리고 마침내 그 위대한 작품 앞에 섰다.

'그림이 생각보다 크구나….'

'그림에 참 다양한 색깔이 있구나.'

'근데 왜 나는 아무 느낌이 없는 거지?'

어디서 감동받아야 할지 알 수 없었다.

필사적으로 봤는데, 느낌이 없었다.

멘붕 상태로 다른 바스키아의 그림들을 마저 보고

전시회장을 나왔다. 파리까지 와서 엄청난 계기를

만들고 싶었는데 이게 무슨 일인가 싶었다.

정말 그림은 아무나 보는 게 아니구나 하고

낙담하고 나올 때 전시장 뒤에서 나를 내려다보는

바스키아의 눈빛을 봤다.

그가 나에게 이렇게 말하는 것 같았다.

'너 진짜 왔네! 미술도 모르는 애가 여기까지 왜 왔어?'

그때 여기에 왜 왔는지 알았다.

'나는 나만의 바스키아 스토리'를 완성하고 싶었다.

그리고 맘속에서 강렬한 메시지를 느꼈다.

'누구나 바스키아가 될 수는 없다.

하지만 바스키아의 예술성은 가지고 살아갈 수 있다.

단 본인의 인생을 작품으로 만들고 싶은 사람들만.'

예술가가 되기 위해서는 세상을 자기만의 유니크한
시각으로 보는 자세와 내 인생을 작품으로
만들어야겠다는 결단이 필요하다.
나는 다른 사람들도 각자 자기 세계 속에서
예술성을 가질 수 있는 동기를 제공하고 싶다.
내가 가졌던 느낌을 각자의 무늬에 따라
느껴보기를 원한다.
바스키아 스토리의 새로운 시작이다.

좋은 여행의 조건

장소와 멤버.

사람들이 말하는 좋은 여행의 조건이다.

여행을 간다고 하면 묻는다.

"어디로?"

"프랑스."

"누구랑?"

"친구 셋이랑."

장소, 중요하다. 멤버, 중요하다.

그런데 한 가지 가장 중요한 것이 빠져 있다.

여행을 가는 나. 여행은 그 장소와 나의 관계 맺기다.

어떤 관계든 내가 중심에 있어야 한다.

그래서 내가 생각하는 좋은 여행의 첫 번째 조건은

건강한 몸이다. 몸이 상태가 좋아야 한다.

여행의 가장 기본적인 도구는 몸이다.

몸이 보고 몸이 듣고 몸이 느낀다.

아프면 돈과 시간이 있어도 못 간다.

아프지는 않아도 부실한 몸이라면 금방 지친다.

낯선 곳에 가면 평소보다 더 많은 에너지를 쓴다.

몸이 힘들어지면 눈이 닫히고 귀가 닫히고 감각이 닫힌다.

여행이 계획되었다면 내 몸 상태를 먼저 준비해야 한다.

두 번째는 취향이다.

여행사에서 엄선해 빡빡하게 짠 코스를 돌 수 있다.

스쳐지나가면서 '거기도 가보았노라' 사진을 찍을 수 있다.

여행이라고 말할 수 있겠지만 좋은 여행은 아니다.

'내가 가봤는데 어디가 좋더라, 어디가 제일 유명하다더라,

거기는 꼭 가봐야 한다'라는 남의 의견에 따라 가는 여행은

별로다.

취향은 뭘 좀 알아야 생긴다.

모르는 것을 좋아하거나 싫어할 수 없다.

일단은 알아야 하고 그러자면 공부를 해야 한다.

공부를 좀 하면 흥미로운 곳이 생긴다.

그러면 그 장소에 대해 더 깊이 공부한다.

공부가 깊어질수록 취향은 뾰족해진다.

파리의 여러 장소 중에서 예술작품으로,

예술작품에서 회화로, 회화에서 근대미술로,

근대미술에서 고흐로.

그리고 고흐가 활동하던 당시의 시대상,

미술의 흐름, 고흐의 화풍, 고흐의 인생까지.

그렇게 공부한 다음에 고흐를 보면 캔버스 밖의 이야기가

보인다. 캔버스 밖의 배경이 그림을 보이게 한다.

여행지에 대해 공부하면서 취향을 찾는다는 것은

여행의 주제를 정하는 것이다.

주제가 정해지면 예산과 시간을 어디에 집중해야 할지도

정해진다. 몽마르트도 가고 루브르도 가고, 개선문도 보고

에펠탑도 보고, 와인도 맛보는 파리 여행도 가능하다.

여행이 아니라고 말할 수 없다.

하지만 나는 두루 볼 때보다 깊이 볼 때의 기쁨이 더 크다.

취향에 집중할 때 훨씬 더 만족스럽다.

그런 여행이 훨씬 더 깊고 충만하게 남아 있다.

세 번째는 여백을 통한 해석이다.

하루를 마치면 오늘을 음미하는 시간이 필요하다.

SNS에 사진 업로드는 서두르지 않아도 된다.

동반자와 의견 교환, 느낌 공유는 천천히 해도 늦지 않다.

서로의 교집합을 찾기 전에 나의 느낌을 명료하게

만들어야 한다. 그래야 나의 여행이 된다.

여행지와 나의 교감이 만나는 그 지점이

누구나 가는 곳 누구나 보는 그림이지만

나만의 공간 나만의 그림이 되는 것이다.

그래서 좋은 멤버는 서로 여백을 가질 여유가 있는 사람,

말하지 않고 걸어도 불편하지 않은 사람이다.

'몸, 취향, 여백.'

인생도 비슷하다.

나는 21세 때, 6개월 동안 20킬로그램을 뺐다.

나이트클럽에서 춤출 때 멋지게 보이기 위해서였다.

그런데 몸이 바뀌자 생각이 바뀌었다.

나에 대한, 내 인생에 대한 기대감이 높아졌다.

지금도 매일 운동을 한다.

내 인생을 사는 가장 기본적인 도구가 몸이기 때문에.

패키지여행에 패키지로 묶여 다니는 것도 여행이다.

하지만 나만의 여행은 아니다.

남들이 중요하다고 생각하는 것을 받아들이고 살아도

살 수는 있다. 나만의 관심사에 몰입해 사는 것도 사는 거다.

어느 쪽이든 자기 선택이다. 다만, 뾰족한 취향은

공짜가 아니다. 그만한 투자가 있어야 한다.

하지만 그만한 가치가 있다.

남들이 보지 못하는 것을 본다는 것은

남들이 경험하지 못하는 것을 경험하기 때문이다.

욕망의 수준

아침을 먹고 몇 시간 있으면 배가 고프다.

점심을 먹고 몇 시간 있으면 배가 고프다.

저녁을 먹고 몇 시간 있으면 또 배가 고프다.

식욕은 그냥 생긴다. 결핍에 의한 필요(need)다.

식욕, 수면욕 같은 욕구는 누구나 가지고 있는 본능이다.

욕망은 다르다. 욕망은 없어도 결핍이 느껴지지 않는다.

짧은 시간 생길 수도 있지만 길게 가지 않고 강도도 낮다.

욕망은 의식적으로 부족을 느껴서 구하는 것이다.

욕구가 need의 세계라면 욕망은 desire의 세계다.

보통의 사람들이 왜 꿈을 꾸지 않느냐면

훈련받지 못했기 때문이다.

내면에서 미세하게 흐르는 것을

감지하고 키우는 방법을 배우지 못했다.

그리고 본인만의 욕망을 가지는 것이 인생에서

얼마나 중요한지 강조하는 사람이 없었기 때문이다.

일본회사 중에 '무인양품'이라는 브랜드가 있다.

가격대비 품질이 우수한 생활용품을 파는 곳이다.

여기서는 식기부터 양말, 속옷, 작은 가구들

심지어 무인양품이라는 이름으로 집까지 팔기 시작했다.

브랜드 정체성이 아주 분명한 곳이다.

이 브랜드의 디자인을 총괄하는 사람이

하라 켄야라는 유명 디자이너다.

그가 일깨운 메시지가 '욕망의 에듀케이션'이라는 말이다.

욕망은 그냥 생기는 게 아닐까? 교육까지 필요한가?

언뜻 보면 잘 이해가 가지 않는다.

이에 대한 그의 해석은 이렇다.

어떤 기업을 나무에 비유한다면 그 나무에 열리는 과일이

그 기업이 내놓은 상품 또는 서비스다.

나무가 잘 자라기 위해서는 뿌리와 나뭇가지가

튼튼해야 한다. 하지만 그 뿌리가 좋은 양분을 잘 받기

위해서는 그 나무가 자리 잡고 있는 토양이 중요한데

그 토양이 그 회사의 제품을 구매하는 소비자들의

욕망의 수준이라는 것이다.

왜 일본 자동차는 세계시장에서

한국 자동차보다 더 정교하다고 알려져 있는가?

일본 사람들이 한국 사람들보다 차에 대한 욕망이 높기

때문이다. 왜 한국의 통신 속도는 다른 나라 통신사보다

경쟁력이 있을까? 한국 사람들이 통신 서비스에 대한

욕망이 미국이나 유럽보다 월등히 높기 때문이다.

결국 기업이 좋은 제품을 지속적으로 만들기 위해서는

회사 자체의 기술력도 중요하지만 그 제품을 사용하는

소비자의 욕망의 수준을 높여야만 지속적으로 공생할

수 있다. 좋은 회사란 소비자의 기호에 맞는 제품을

그냥 팔고 끝나는 회사가 아니라

소비자와 관계를 맺으며 그 소비자의 욕망을

지속적으로 자극하고 업그레이드시켜주는 회사다.

꼭 회사뿐만 아니라 직장에 있어서도 마찬가지다.

어떤 상사가 좋은 상사인가?

일을 그냥 시키는 상사? 일을 잘 알려주는 상사?

아니면 내 스스로 일을 잘해야겠다고

욕망을 키워주는 상사?

답은 여러분이 더 잘 알 것이다.

세상에 많은 제품들이 있고, 많은 전문가들이 있지만

그들이 사람들의 모든 욕망을 자극시키거나 업그레이드

시켜주진 못한다. 나만의 시장을 찾아서 지속적으로

그 타깃 고객들의 욕망을 키워주고 그에 맞는 솔루션을

제공한다면 이 세상 어떤 분야도 블루오션이 될 수 있다.

한 가지 예.

햇볕이 따갑다. 손으로 가리자니 팔이 아프다.

다 가리지도 못한다. 모자가 '필요'하다.

이럴 때

머릿속에 떠오르는 모자는

이런 정도다.

선캡도 생각날 수 있겠다.

그런데 세상에는 이런 모자들도 있다.

영국의 귀족들은 어릴 때부터 이런 모자를 쓴다.

이들은 기능적인 모자에 만족하지 않는다.

모자에 대한 기대수준이 높다.

이런 모자들도 있다.

누가 이렇게 희한한 모자를 쓰고 다닐까.

물론 쓰고 다니지 않는다. 패션쇼다.

햇볕을 가리는 모자는 욕구의 수준이지만

패션쇼에서의 모자는 욕망의 수준이다.

모자에 대한 욕망의 수준이기에 남다르고 독특하다.

결국 예술에 대한 욕망이 패션의 수준을 끌어올린다.

모자 디자인에 대한 미세한 욕망을 감지했다고 하자,

거기서 백날 생각해봐야 야구모자에 그림 몇 개

그리는 수준밖에 안 된다.

인류 최초의 모자, 각 나라별 특색, 최근 패션쇼까지

공부해야 한다. 그런 노력들을 하면

모자에 대한 자기만의 해석이 가능해지고

모자에 대한 욕망으로 자기 세계를 구축할 수 있다.

나는 간절하게 하고 싶은 게 뭘까?라고

스스로에게 질문해도 답은 나오지 않는다.

그 대답을 할 만한 수준이 아니다.

지금 수준에서는 고작 알바, 취업, 승진

정도밖에 안 된다.

'돈이 안 되지만 뭐가 재밌을까?'

이 질문이 적당하다.

충분히 쓸모없는가. 충분히 생뚱맞은가.

돈을 생각하면 헷갈린다.

예술의 수준까지 가려면 돈보다는

그 분야에서 뭔가를 하고 싶다는

내 욕망이 앞서야 한다.

그래야 다른 게 보인다.

'내가 뭘 잘할 수 있을까?'

아니다.

'내가 뭘 오래 할 수 있을까'를 생각해야 한다.

잘할 수 있는 걸 찾으면 현재 내 능력, 내 환경에 한정된다.

내가 못하는 것만 떠오른다. 자기 한계를 먼저 생각한다.

하지만 오래 할 것을 생각하다 보면 맘이 일단 놓인다.

바로 결과를 내야 하는 게 아니다 보니 잘 못하는

부분이 있으면 배우면 되지 하는 여유도 생기게 된다.

그리고 그 일을 그렇게 하다 보면 못하는 것도 잘하게 된다.

도저히 못하는 거면 그 부분은 다른 사람에게 맡겨도 된다.

그냥 지금 당장 할 수 있는 일을 선택하면 욕구 수준의

선택이다. 지금은 잘 못하더라도 이 일로 나를 훨씬 더

발전시킬 수 있고, 그 분야에서 자극을 받아 내 자신을

업그레이드시킬 수 있는 일을 선택해야 한다.

결국 내 수준은 내 욕망의 수준이다.

여기서 절대 타협하면 안 된다.

내 인생은 그냥 쓰고 버리는 상품이 아니라
각자 한 사람에게 주어진 최고의 선물이기 때문이다.

누구에게나 욕망의 에듀케이션은 필요하다.

커피 한 잔의 세계

1단계. 커피를 마시고 싶다.

물을 끓이고 믹스 커피를 탄다.

나도 여기에 포함된다.

2단계. 커피를 마시고 싶다.

가까운 커피숍에 가서 아메리카노를 주문한다.

3단계. 커피를 마시고 싶다.

사흘 전 직접 로스팅한 세 종류의 원두를 5:3:2로

블랜딩한다. 쓴맛이 조금 강한 비율이다.

그라인더로 분쇄한다.

드립퍼에 드립필터를 끼우고 분쇄한 커피를 넣는다.

물을 끓이고 드립 포트에 붓는다.

온도계를 담그고 85도까지 식기를 기다린다.

살짝 적시듯이 물을 붓는다. 30초를 기다린다.

천천히 물을 붓고 커피를 내린다.

1년 전, 해외여행에서 구매한 커피 잔에 마신다.

커피 잔을 미리 데워두는 건 기본이다.

내가 아는 사람이 커피 한 잔의 욕망을 실현하는 과정이다.

커피에 대한 욕망이 낮은 사람,

그냥 나른한 오후를 깨울 카페인이 필요한 사람에게

3단계의 욕망은 돈 낭비, 시간 낭비다.

'고작' 커피 한 잔에 무슨 짓이냐 싶다.

하지만 3단계의 욕망을 가진 사람은 안타깝다.

'이 한 잔에 담긴 즐거움을 모르다니!'

처음에는 카페인을 마셨다. 그러다가 어디선가 봤거나

누군가 내린 커피를 맛보았을 것이다. 흥미가 생겼다.

드립커피에 필요한 도구를 마련하고 원두도 구매한다.

그렇게 마시다가 더 알고 싶어서 책을 몇 권 읽는다.

좀 더 좋은 도구를 구매한다.

이후에는 커피의 역사를 공부한다. 커피의 종류를 공부한다.

기후별 커피의 특성을 공부한다.

85도의 물에서 내린 커피와 90도에서 내린 커피의 맛을

비교한다. 같은 생두를 강배전했을 때와 약배전했을 때의

맛을 비교한다. 이런 과정을 거쳐 만들어진 취향이다.

커피에 대한 욕망이 낮은 사람에게는 번거롭고 귀찮고
쓸데없는 짓이다. 하지만 커피에 대한 욕망이 높은
사람에게는 그 모든 과정이 즐거움이다.
즐겁다고 쉬운 것은 아니다.
내 입맛에 맞는 쓴맛, 신맛, 단맛의 비율을 찾기까지
많은 시행착오를 겪는다. 입맛이란 변하기 마련이어서
이 시행착오는 계속되어야만 한다. 이 과정이 괴로움일까.
지극히 순도 높은 즐거움을 느끼고 있는 것이다.
자기 욕망을 가진 사람은 무슨 낭비냐고 하지 않는다.
'아, 이 사람은 커피에 대한 욕망의 수준이 높구나.'
상대의 욕망을 존중할 줄 안다.
그 욕망의 소중함을 아니까.

배가 고프다. 뭐든 먹는다.
배가 고프다. 동네 분식집에서 배달을 시킨다.
배가 고프다. 내 입맛에 맞는 초밥집을 찾아간다.
인생을 산다. 어떻게든 살아진다.
인생을 산다. 남들만큼 살아간다.
인생을 산다. 내 욕망을 실현해 나가는 인생을 산다.

7000RPM

순간의 부주의가 목숨을 앗아갈 수 있다.

사소한 고장 하나로 목숨을 잃을 수 있다.

집중력을 잃지 않아도, 사소한 고장이 없어도

다른 레이서의 실수로 목숨을 잃을 수 있다.

'르망 24'는 1923년에 시작되었다.

이렇게 위험한 경기를 100년 가까이 해오고 있다.

1955년에는 레이서와 관중 84명이 숨지는 사고도 있었다.

일상생활에서 그렇게 험한 길을 그렇게 빨리 달릴 이유가

없다. 24시간 엔진을 끄지 않을 필요도 없다.

그런데도 왜 이 위험한 경기를 지속하고 있는 것일까.

자동차에 대한 극한의 기준이다.

자동차에 대한 욕망이 극한의 수준이기 때문이다.

일반인들은 몰지도 못하고 일반도로에서 그만큼 달릴
수도 없지만 자동차로 끝까지 가보겠다는 것이다.
영화 〈포드 V 페라리〉의 주인공 켄 마일스도 그렇다.
페라리를 이기고 싶었던 포드가 그를 '고용'했다.
하지만 그는 고용주의 눈치를 보지 않는다. 페라리와
경쟁하지도 않는다. 자기 기준과의 경쟁이었다.
세 대의 포드가 나란히 들어오는 장면을 연출하기 위해
속도를 늦추라는 경영진의 요구를 받아들였다.
그래서 어이없게 우승을 놓쳤지만
그는 실망하거나 화내지 않았다.
'최고로 달려보았으니까 그것으로 족하다.'

사람들은 왜 이 영화에 감동했을까.

켄 마일스는 왜 멋져 보일까.

좋아하는 일에 완전히 몰입하는 삶에 대한 감동이다.

그런 삶을 살고 싶은, 억지로 잠재워두었던 마음이

자극을 받은 것이다. 우리 안에 켄 마일스의 그것이

있으니까 열광하는 것이다.

켄 마일스는 새로운 자동차의 성능을 시험하던 중

사고로 죽었다.

"왜 저래? 적당하게 살지. 결국 죽었잖아."

탁월한 삶을 살고 싶다면,

이렇게 말하는 사람을 멀리해야 한다.

'멋있지만 나는 못할 거 같아' 정도의

솔직함은 있어야 한다.

상사가, 클라이언트가, 세상이 말한다.

"됐어, 그 정도면 충분해."

"그냥 적당히 해도 큰 문제 없어."

'아니야… 아직 부족한 게 있어, 더 해볼 여지가 있다고….'

모든 일에서 이럴 필요는 없다.

하지만 자기 세계라면 다르다.

자기 욕망의 수준이 아주 높은 분야라면 다르다.

"스타벅스의 아메리카노 정도면 되지 않아?"

"어림없어. 그건 커피가 아니야."

이런 게 자유다. 자기 기준으로 살 자유.

극한의 욕망, 그에 따라 극한의 기준까지 몰아붙이는 것.

영화에는 다음과 같은 내레이션이 나온다.

"7000RPM 어딘가에 모든 것이 희미해지는 곳이 있다.

오직 몸만 남겨진 채로, 시간과 공간을 넘나든다.

차량은 깃털처럼 가벼워지며, 사라진다.

7000RPM. 거기서 만나게 된다.

느낄 수만 있다면, 당신에게 다가와 귀에 대고 속삭인다.

질문을 던진다. 가장 중요한 질문이다. 너는 누구인가?"

세상의 기준으로 사는 사람은 '너는 누구인가?'라는

질문을 받으면 회피하거나 이렇게 답한다.

'어디 지역 출신이고 대학은 어디를 나왔고

현재 김 대리고 연봉은 얼마고

어디서 전세를 살고 있으며….'

영화에서는 그 답이 나오지 않는다.

모든 것이 희미해지는 순간의 느낌,

7000RPM의 느낌이 자기 자신이다.

내가 기대하는 욕망의 수준과 내가 하나가 되는 그 순간,

그게 진짜다.

《익숙한 것과의 결별》
− 구본형

서문에 나온 이야기가 나를 흥분시켰다. 1998년 스코틀랜드에서 석유 시추선이 폭발했다. 168명이 죽었고 단 한 명만 살아남았다. 목숨을 건진 사람은 바다에 뛰어내렸기에 살 수 있었다. 바다에 뛰어내린다고 해도 살 가능성은 희박했다. 하지만 갑판 위에 있으면 죽을 것이 확실했다. 그래서 그는 뛰어내렸다. 생존자인 앤디모칸은 Certain Death(확실한 죽음)보다 Possible Death(죽을지도 모름)를 택한 것이다.

사람들이 묻는다.
"20대에 어떤 확신이 있었기에 대기업을 그만둘 수 있었어요?"
누구나 본인이 도전한 사업에 실패할 수 있다. 본인이 원하는 결과를 못 낼 수도 있다. 나도 처음 직장을 나와서 내 사업을 시작할 때 큰 두려움이 있었다. 하지만 그 당시 나에게 외쳤던 한 가지 분명한 확신이 있었다.

'직장생활을 하면 절대로 내가 원하는 삶을 살지 못한다!'

새롭게 도전하는 일에 대한 확신은 없었지만 지금 하고 있는 일을 계속하다가는 꼰대가 될 거라는 확신이 있었다. 그렇게 되기 싫었다. 그래서 뛰어내렸다.

불만을 갖고 있으면서도 새로운 선택을 못하는 이유는 막연한 두려움 때문이다. 새로 시작하는 일의 미래를 확실히 모르기 때문이다. 어떤 확실함을 가지고 선택할 수는 없다. 지금 하고 있는 일이 아니라는 확신만 있어도 충분하다.

그리고 나에게 미래는 막연히 기다리는 미지의 대상이 아니라 내가 만들어갈 수 있는 가능성의 구간이었다.

결과가 불확실한 상태가 위험한 것이 아니라 이러지도 저러지도 못하면서 고민만 하고 있을 때가 가장 위험하다. 아무것도 배우고 있지 않기 때문이다. 일단 행동을 하면 다른 선택을 위한 판단 기준을 배우게 된다.

〈생각하라 그러면 부자가 되리라〉

-나폴레온 힐

어떤 일이든 초기에는 큰돈이 되지 않는다. 내가 하는 사업도 원하는 만큼의 수입을 만들기 위해서는 안정적인 매출구조와 소비자 네트워크를 만들어야 하는데 그것이 하루아침에 만들어지는 것이 아니기 때문이다.

'돈도 안 되는데 왜?'라는 생각은 하지 않았다. 그냥 내가 알고 있는 것을 나누는 게 좋았다. 개인적인 경험과 독서를 통한 간접 경험에 비춰봤을 때, 계산을 많이 하는 사람은 잘 안 되는 것 같다. 비용을 따지고 보수를 따지고 하다 보면 내 행동에 제약이 많다.

돈이 안 되더라도 진심으로 누군가를 돕는다는 생각으로 일을 하면 그 마음이 전달되는 것 같다. 내가 사업의 멘토에게 배운 가장 확실한 가르침은 니가 하는 사업으로 성공하고 싶다면 시간, 거리, 비용을 따지지 말라는 것이었다.

젊은 친구들은 경제적 보상에 민감하다. '열정페이'라는 말도 보상받지 못하는 노력에 대한 불만에서 나온 말일 것이다. 노력에 대한 보상이 중요하지 않다는 이야기가 아니다. 보수가 적거나 심지어 없어도 하고 싶은 일을 발견한다면 그 안에서 다른 의미를 발견할 수 있다. 그 일이 나를 성장시키는가가 내가 일하는 데 있어서 제일 중요한 기준이다. 그런 생각을 배울 수 있었던 책이 바로 나폴레온 힐의 《생각하라 그러면 부자가 되리라》였다. 저자가 이 책을 쓰게 된 계기가 나온다.

앤드류 카네기가 나폴레온 힐에게 이렇게 제안했다.

"20년쯤 걸리는 일인데 보수는 없어. 해볼래?"

"하겠습니다."

보상을 생각하지 않은 그 대답이 나폴레온 힐의 운명을 바꾸었다. 어찌보면 진짜 큰 보상은 일을 시작할 때 계산되는 것이 아닌 일을 완성하는 과정에서 오는 나의 성장일 것이다.

여러분은 보상을 생각하지 않고 도전할 만한 일이 있는가?

2장

나는
나로
살아야겠어

불편을 감지하는 능력

세상에는 이미 만들어진 기준이 있다.

세상은 그 기준대로 굴러간다.

그 기준 안에 있으면 안전하고 편안하다.

부딪힐 일도 적다.

'당신은 누구인가?'라는 질문에 '김 과장이요'라고 대답해도

아무도 태클을 걸지 않는다.

남들도 인정하고 나도 인정하는, 편안한 수준.

나는 컴포트존이라고 부른다.

컴포트존은 내가 만든 세계가 아니다.

누군가 자기 기준으로 만든 세계다.

'거기 있으면 안전할 거야'라는 암묵적 동의.

17년 전, 신입사원이었던 나는 직장이 불편했다.

대기업이었고 정규직이었고 기획실이었다.

일은 전혀 힘들지 않았다.

선배들과의 관계도 나쁘지 않았다.

그런데도 몸에 맞지 않는 옷을 입은 것처럼 불편했다.

나는 계속해서 다른 길을 탐색했다.

사람들이 보기에는 기웃거리는 것으로 보였을 것이다.

내가 회사를 그만두고 사업을 시작하려고 했을 때

주변의 반응은 이랬다.

"지금 그 자리에 가고 싶어서 도서관에 처박혀 사는

청춘들이 얼마나 많은 줄 알아? 배부른 소리 그만해.

사업이 얼마나 위험하고 힘든 건데.

쓸데없는 소리 말고 힘들어도 버텨."

정말 힘들었으면 더 오래 다녔을지도 모른다.

전혀 힘들지 않은 게 문제였다.

나에게 가장 큰 고민은 나를 다 쓰지 않는

내 자신을 바라보는 것이었다.

시간을 그냥 흘려보낸다는 느낌이 너무 싫었다.

아직 길을 찾지 못했지만 직장이라는 안정성에

내 인생을 가두고 싶지는 않았다.

임원이 된다 한들 전혀 멋져 보이지 않았다.

내가 기대하는 인생과는 방향이 전혀 달랐다.

그래서 내 사업을 시작했고 힘들었다.

기름 값 몇만 원이 없어서 주유소에서 어머니에게
전화한 적도 있다. 그래도 좋았다.
내가 기대하는 인생의 첫발이었으니까.

지금 우리가 경험하는 세계는
이미 만들어진 기준이 불편했던 사람들이 만든 세상이다.
'세상의 기준대로 사는 게 뭐 어때서?'
준법정신 같은 걸 말하는 게 아니다.
사람이 간다, 편지를 쓴다, 비둘기를 날린다,
전보를 보낸다, 전화를 한다, 걸으면서 통화를 한다,
얼굴을 보면서 통화한다.
소식을 전하려면 사람이 가야 하는 게 기준인 세상은
그것이 불편했던 사람들로 인해
얼굴을 보면서 통화할 수 있는 세상으로 바뀌었다.
불편은 자기 세계 구축의 힌트다.
세상만사 불만인 '프로 불편러'가 되라는 게 아니다.
자기 자신에게 관심을 좀 가지라는 뜻이다.
우리 모두는 각자 예민한 부분이 있다.
세상 무던한 사람도 다른 부분보다 좀 더
예민한 부분이 있다.
어떤 사람은 옷에, 어떤 사람은 음식에,
어떤 사람은 게임에, 어떤 사람은 색깔에 민감하다.

그런데 오래도록 그 불편에 익숙해지다 보니 불편한 줄

모르는 것이다. 불편을 말하는 것을 불평이라고 배웠다.

"이런 건 좀 불편해요."

"어쩔 수 없어. 참아야지."

불편함을 감지하는 촉수에 붙여둔 반창고를 떼어버려야 한다.

불편을 감지하는 능력을 키워야 한다.

꼭 생활의 불편함만을 말하는 건 아니다.

평론가와 유튜버와 블로거를 봐도

내 생각과 비슷한 영화평이 없다면 그것도 불편이다.

뭔가 불편하다면 내 기준이 세상의 기준과 다르다는 신호다.

그것이 취향이고 그 취향을 통해 내가 드러난다.

여기서 불편은 불만족이라고 해도 좋겠다.

하지만 그런 불만족과 불편함이 감지되면 힘들다.

그래서 재빨리 협상을 시도한다.

"원래 그런 거야. 참다 보면 적응하게 돼."

하지만 내가 무시하려고 할 뿐 불편한 건 여전하다.

여기서 그 불편함을 응시하는 힘이 필요하다.

나는 왜 불편함을 느낄까?

나의 어떤 부분 때문에 나는 이것이 문제라고 생각할까?

다른 사람들은 아무렇지도 않은가?

다른 사람들은 정말 이대로 괜찮은가?

물론 여기서 가장 중요한 기준은 나 자신이다.

내가 느끼는 불편함이 기회다.

그 불편함 속에 내가 해야 할 일이 있다.

사람들은 할 수 있는 일을 찾는다.

나는 내가 해결하고 싶은 일을 찾는다.

지금 해결할 수 없는 일이면 능력을 키우면 된다.

능력을 키우는 데 시간이 아주 오래 걸리거나

도저히 못할 것 같으면 할 수 있는 사람을 찾는다.

모난 돌이 정 맞는 시대는 지나갔다.

모난 부분이 남들과 다른 자신이다.

그걸 키우면 자기 세계가 된다.

그리고 그 세계를 다른 사람과 공유하고

함께 느끼는 일이 직업이 될 수 있다.

직업은 내가 만들면 된다.

아직은 모르는 세계

도로가 꽉 막혀 있다.

저쪽 어딘가에서 굉음을 내면서 차가 지나간다.

왜 저 길은 시원하게 뚫려 있고

여기는 이렇게 차가 많은 거지?

누군가 알려준다.

"빌 게이츠야."

"아, 그렇구나. 우리는 저렇게 못 달려?"

"우리랑 다른 사람이야. 아무나 안 되는 거야.

괜히 따라했다가 큰일 나."

다수의 사람들이 이미 정해진 길을 선택한다.

'진로'라고 부르기도 한다.

그 길은 퇴근길의 올림픽대로처럼 늘 막힌다.

그래서 내가 타고 있는 차의 성능을

제대로 시험해본 적이 없다.

'이게 진짜 내 차의 성능이 맞아?'

의심해보기도 전에 세상이 말했다.

'길이란 원래 이런 거야.'

하지만 정말 그럴까.

어쩌면 우리는 꽉 막힌 도로에 있는 슈퍼카는 아닐까.

내 차의 성능에 적절한 길을 찾아야 하는 게 아닐까.

빌 게이츠는 자신의 길을 달리고 있다.

그러니까 다른 차가 막을 일이 없다.

내가 아는 한,

멋지게 사는 사람 중 대중적인 길을 선택한 사람은 없다.

그들은 자신의 불편함을 참지 않았다.

그들은 불편함을 감추지 않았다.

그리고 그 불편함을 불편해하는 세상과 협상하지 않았다.

20대에 친구의 아버지를 만났다.

내가 존경하는, 고마워하는 그분을

나는 부자아빠라고 부른다.

그분이 해주신 말씀이 있다.

"사회는 만원버스야. 네가 가려는 자리,

어떤 자리든 사람이 꽉 차 있어.

사회라는 만원버스는 죽을 때까지 가는 거야.

절대 안 내려. 근데 버스가 갑자기 서거나 출발하면

그때 빈틈이 생겨. 그게 네 자리야.

사회에 나가면 절대로 많은 사람들이 좋아하거나

많은 사람들이 관심을 가지는 자리는

거들떠보지도 마. 끝물이거나 판타지야."

우리가 마이크로소프트사를 만들 수는 없다.

구글을 만들 수도 없다. 현대자동차를 만들 수 없다.

하지만 규모는 작을지라도 자신의 세계를 만들 수는 있다.

그 세계를 세계적 규모로 키울 수는 없어도

깊고 깊은 나만의 세계를 만들 수 있다.

그게 뭘까 지금 생각해봐야 오답이다.

믹스 커피만 마시던 사람이 직접 로스팅하는 커피의 맛을,

일주일 내내 상상해봐야 모른다. 모르는 세계다.

"네 세계를 만들어봐."

"그게 뭔지 알아야 만들지."

"그게 뭔지 알면 네 세계가 아니지.

아직 만들어지지 않았으니까."

인간관계의 연비

"나 스카이다이빙 배우기로 했어."

"매년 그거 하다가 죽는 사람 있다던데,

그 위험한 걸 왜 해?"

이렇게 나오면 안전하다는 것을 증명해야 한다.

하지만 그걸 증명할 방법은 없다. 사망 사고가 일어날

확률이 지극히 낮다는 데이터를 보여줘도 소용없다.

"그게 네가 되지 말라는 법이 어디 있어?"

"주말에 스카이다이빙 하러 가."

"우아, 재미있겠다. 어떻게 그걸 하게 됐어?"

이러면 할 이야기가 많다. 이야기가 앞으로 나아간다.

그 이야기를 하면서 스카이다이빙에 대한 자신의 기대도

높아진다. 그러면서 그 세계가 커진다.

같은 차량을 같은 사람이 운전해도

어떤 길을 가느냐에 따라 연비가 달라진다.

비포장이냐 고속도로냐에 따라 속도도 달라진다.

비포장은 주행에 집중하기보다

장애물에 더 많은 에너지를 쏟아야 한다.

인간관계도 그렇다. 새로운 시도를 할 때

늘 부정적인 면을 먼저 보는 사람이 있다.

문제점을 발견하고 해결하기 위한 게 아니다.

그냥 사고의 습관이 그런 거다.

그게 무엇이든 새로운 시도를 하려면

기존의 인간관계에 대한 고민이 필요하다.

새로운 일을 하려면 새로운 사람을 만나는 게 좋다.

자주 만나는 사람은 누구인가. 그들은 어떤 사람인가.

그들에 대해 어떻게 생각하든,

비슷한 삶을 살 가능성이 높다.

특별히 주의하고 에너지를 쏟지 않는 이상,

사람은 비슷한 사람을 만난다.

그게 편하니까. 안심도 된다.

'이렇게 흘러가도 괜찮은 인생이겠다.'

그렇다면 원하는 삶을 살고 있는 것이다. 하지만

지금의 흐름과는 다른 삶의 흐름을 만들어내고 싶다면

주위 사람부터 바꿔야 한다.

만나지 않던 사람을 의도적으로 찾아서 만나야 한다.

게임 좋아하는 친구를 만나면 게임을 하게 될 것이고,

술을 좋아하는 친구를 만나면 술을 마시게 될 것이다.

도전을 좋아하는 사람을 만나면 도전을 하게 될 것이고

자기 세계를 만들어가고 있는 친구를 만나면

자기 세계에 대한 욕망이 생길 것이다.

같은 산화작용이지만 쇠는 녹이 슬고 나무는 불이 된다.

원소 단위로 가면 수소를 만나 물이 된다.

불을 만들어내고 싶다면 나무를 찾아서 만나야 한다.

물을 만들어내고 싶으면 수소를 찾아서 만나야 한다.

지금 불이 아니고 물이 아니라면

주변에 나무, 수소가 없는 것이다.

첫눈에 그를 알아볼 수는 없다.

여러 사람을 만나봐야 한다.

만나면 돈 이야기만 하는 사람,

만나면 직장 상사 험담만 하는 사람에게

'나만의 세계를 만들어보려고 해. 그걸 찾고 있어'라고

할 때의 반응은 빤하다.

"왜 그래? 무슨 엉뚱한 소리야."

사람을 차별해서는 안 된다. 하지만 구별은 해야 한다.

나의 시간은 제한되어 있다.

그러므로 아무나 만나고 아무 이야기나 들어서는 안 된다.

"지금 내 마음에 이런 새싹이 돋아나고 있어요."

밟아버리는 사람이 있다. 구별해야 한다.

그 싹이 어떤 나무로 성장할지 질문해주고 격려해주는

사람이 있다. 그가 있는 곳으로 찾아가야 한다.

좀 냉정하게 말하면, 새로운 도전을 할 때는

기존의 관계는 당분간 멀리 하는 게 좋다.

인간관계에는 관성이 작용하기 때문이다.

'내가 알던 너로 돌아오라'는 압력이 작용한다.

새로운 관성을 만들어낼 새로운 사람이 필요하다.

새로운 관성이 충분히 만들어지면

과거의 관계도 그에 맞게 수정된다.

나만의 공간

생각이 진행되지 않고 빙빙 돌 때,

뭔가 다른 생각이 필요할 때는 호텔 커피숍으로 간다.

집에 서재가 있다. 3분 거리에 스타벅스가 있다.

호텔은 커피 값도 비싸다.

그래도 돈과 시간을 더 써서 가는 것은

다른 공간이 유발하는 다른 생각 때문이다.

가까운 커피숍에 가는 것보다 시간과 돈을 더 썼지만

분명히 그 값어치를 한다. 다른 생각을 원할 때,

가장 쉽게 해볼 수 있는 시도가

다른 공간으로 가는 것이다.

내 세계를 찾을 때도 새로운 공간이 필요하다.

사람은 관계 속에 산다.

이 관계는 인간관계만을 의미하지 않는다.

우리는 공간과도 관계를 맺고 있다.

익숙한 공간이라는 것은 그 공간과의 관계가 익숙하다는
뜻이다. 익숙한 공간에서는 익숙한 생각이 떠오른다.

새로운 공간을 찾는 이유는 아직은 낯선 내 세계를
감지하기 위해서다. 나를 만나기 위해서다.

아직은 어떤 나무를 키울지 알지 못한다.

내 안에 어떤 나무의 씨앗이 있는지도 알지 못한다.

아직은 작은 무엇, 미세한 진동 같은 것을
느끼기 위해서다. 그걸 알아야 집중적이고 폭발적인
에너지 투입이 가능하다.

영감을 주는 공간은 한 번에 찾아지지 않는다.

호텔 커피숍일 수도 있다. 거리 혹은 골목일 수도 있다.

공원이 되기도 할 것이다. 아니면 독서실일 수도 있다.

비용과 시간을 투자해야 한다.

그 공간에서 어떤 행동을 할 것인가.

책을 읽어도 좋다.

저자의 말에 반응하는 나의 생각과 느낌을 감지할 수 있다.

음악을 들어도 좋다.

음률에 반응하는 나를 느낄 수 있다.

아무것도 하지 않아도 좋다.

분주하지 않고 산만하지 않고 연결되어 있지 않은

시간과 공간의 여백에 자신을 가만히 놓아둔다.

그러면 내가 나를 느낄 수 있다.

말로만 들어서는 감이 오지 않는다.

직접 해보면 안다.

무엇을 하든 나를 만나는 것이 중요하다.

지금 내 안에 나의 영토는 얼마나 되는가.

세상이 부여한 과제를 완수하고 난 다음에 남아 있는

영토는 얼마나 되는가. 거의 없다면 내가 아니라

세상이 나의 삶을 돌리고 있는 것이다.

그렇다고 지금 당장 세상의 영토를 불도저로

밀어버릴 수 없다. 당장 사표를 던지거나

당장 자퇴를 하는 것은 섣부르고 무책임한 결정이다.

내 영토를 넓혀야 한다.

그 영토가 세상을 압도할 만큼 넓어져야 한다.

그 영토에서 뭔가를 만들어내고

그것을 세상에 던지는 것이다.

뭔가 새로운 것을 만들어 세상에 내놓는 사람들은

이 과정을 거친다.

세상 안에서만 있는 사람은

새로운 것을 만들어내지 못한다.

고립의 시간, 자기가 자기를 마주보는 시간,

자기 세계로 여행하는 시간을 통해

나만의 길을 발견하게 한다.

한두 번으로 안 된다.

매일 조금씩이라도 이 시간을 만들어내야 한다.

무조건 이 시간을 만들어내야만 한다.

거기서 발견된 무언가에 지식과 상상력을 투입한다.

그런 시간이 축적되어야 새로운 일이 벌어진다.

처음에는 어색하다. 비효율적이기도 하다.

하지만 매일 조금씩조금씩 나만의 시공간에

에너지를 넣기 시작하면 그 안에서 엄청난

생산성이 만들어질 수 있다.

우리가 일상적으로 보내는 시간은

남들이 만든 기준 속의 세상일 가능성이 높다.

매일 조금씩이라도 진짜 나를 만나야 한다.

그렇게 자기 세계를 넓히고, 거기에 무언가를 채우고

그러면서도 자기 영토를 넓히는 일을 지속해야 한다.

내면을 움직이는 소프트웨어

"너무 바쁘게 사는 거 아냐?"

밖에서 보는 나의 생활은 바쁘다. 지방에도 자주 가고

코로나 이전에는 2주에 한 번쯤은 해외도 다녔다.

강연도 자주 하고 만나는 사람도 많다.

다이어리도 꽉꽉 차 있다.

"아니, 하나도 바쁘지 않은데."

겉으로 보기에는 바빠 보이지만

정작 내 자신은 여유로운 이유는 뭘까?

내가 매일 하는 일은

해야만 해서 하는 일이 아니기 때문이다.

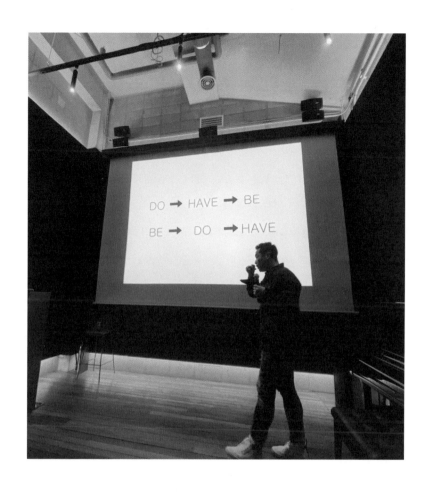

지방에 가는 것도, 해외에 가는 것도 즐겁다.

강연이든 미팅이든 사람을 만나는 것이 즐겁다.

가고 싶지 않은 곳은 가지 않는다.

만나고 싶지 않은 사람은 만나지 않는다.

바쁘다는 것은 needs(필요)에 의해 움직이는 것이다.

나를 움직이는 내면의 소프트웨어는 wants(욕망)다.

회사에서 업무를 처리하려 해도 생각을 해야 한다.

취업을 위한 공부를 하려고 해도 생각을 해야 한다.

그 순간 해야만 하는 생각을 하는 것이다.

필요에 의한 생각이다.

나는 '드는 생각'을 한다.

드는 생각을 발전시켜서 '이거 멋지겠다, 재미있겠다'는

wants의 세계로 옮기고, 그 wants에 따라 일정을 정한다.

그래서 바쁘지 않다.

'원하는 일을 하는데 돈이 들어오는 것.'

이것이 내게는 멋진 삶이다. 그렇게 살아가고 있다.

교환가치

'이렇게 살면 멋지겠다, 재미있겠다.'

어느 날 그런 욕망이 불쑥 튀어나올 때가 있다.

그러면 사람들은 보통 방법을 생각한다.

'어떻게 하면 그걸 이룰 수 있을까?

어떻게 하면 그런 삶을 살 수 있을까?'

이렇게 사고하면

'내가 할 수 있는 일은 아니구나' 입맛만 다시게 된다.

욕망을 발견했을 때는 방법은 생각하지 않는 것이 좋다.

방법을 모를 테니까.

독특하게 생긴 건물에서 독특한 커피숍을 열고 싶은

욕망이 생겼다. 돈이 없는데 땅은 어떻게 사지?

건물을 지을 돈도 없는데? 그렇게 짓는 게 가능할까?

건축법을 위반하는 건 아닐까?

'아, 안 되는 거구나.'

인천에는 코스모 40이라는 복합문화공간이 있다.

화학공장을 리모델링한 것이다. 누군가 욕망했다.

'혐오시설이던 곳을 문화공간으로 변신시키면 멋지겠다.'

최종적으로 공장 부지와 리모델링에 수십억 원이 들어갔다.

어마어마한 돈이다. 하지만 대기업이 한 일은 아니다.

기획가, 건축가, 지역 사업가

그리고 장기저리로 대출해주는 기금이 있었다.

욕망이 생기면 공부하고 상상하면서

그것을 구체화시키는 작업이 먼저다.

방법은 미리 생각하지 않아도 된다.

욕망이 충분히 구체화되면 방법을 아는 사람은 어딘가에

있다. 혼자 방법을 생각하다가 포기할 게 아니라

나에게는 이런 욕망이 있습니다라고 널리 알려야 한다.

그러면 된다.

일론 머스크는 로켓기술자가 아니다.

하지만 팰컨을 발사했다.

그는 상상했고, 욕망을 알렸다.

사람들이 모이고 자본이 모였다.

내가 못하는 건 그걸 잘하는 사람이 하면 된다.

골잡이는 골만 잘 넣으면 되고,

골키퍼는 골만 잘 막으면 된다.

골잡이는 골키퍼가 골을 지키는 방법을 몰라도 된다.

all A를 받는 것보다 super A 하나가 더 가치 있다.

우선은 욕망을 상상하는 것이 더 중요하다.

그것이 나의 가치다. 사업가가 복사를 잘할 필요는 없다.

사업가는 미래의 명확한 그림을 보여주면 된다.

그러면 함께 욕망하는 동료를 만날 수 있다.

그가 내가 못하는 부분을 해결해줄 수 있다.

그를 통해 배울 수 있다.

혼자 상상하고 기술자도 되고 자본도 만들어야 한다고
생각하다가 욕망을 접는다.

누구도 고흐에게 물감을 만들라고 요구하지 않는다.

사업을 하든 예술을 하든 모든 사람은 완벽하지 않고
충분한 시간이 없다.

나만이 제공할 수 있는 가치, 상대방이 가진 가치와
교환할 수 있는 가치를 만들어가는 게 중요하다.

삶의 편집권

연봉 1억을 받는 사람이 있다.

아침 9시에 출근해 저녁 6시 이후에 퇴근한다.

사무실보다는 조용한 카페에서 일하는 게 좋지만

외근, 출장이 아니면 사무실에 있어야 한다.

배가 고프지 않아도 12시에는 밥을 먹어야 한다.

퇴근 전에는 만나고 싶은 사람이 아니라

만나야 하는 사람을 만난다.

오전 7시에 정신이 맑아서 그 시간에 책을 보고 싶지만

출근 준비를 해야 한다. 출퇴근 시간 때문에 회사에서

너무 먼 곳으로는 이사를 갈 수 없다.

고소득자이지만 부자는 아니다.

인간은 어느 때, 어딘가에서, 누군가와 무엇을 한다.

혼자 있는 시간이 있지만 인간관계라는 큰 파장 안에 있다.

언제, 어디서, 누구와, 무엇을 하는 것이 인생의 전부다.

'시간, 공간, 인간관계를 주도적으로 편집할 수 있는 사람.'

내가 생각하는 부자다.

시간, 공간, 인간이라는 3간을 편집할 수 있는 사람.

돈 때문에 같이 있고 싶지 않은 사람과 어떤 일을 하면서

시간을 보낸다면, 삶의 질이 높다고 할 수 없다.

'그래서 돈이 중요하지 않다고?'

중요하다. 아주 중요하다. 돈을 벌어야 한다.

하지만 돈을 버는 것이 좋은 차를 사려고,

좋은 집을 사려고 하는 게 아니다.

3간을 편집하기 위해서다.

자기 삶을 다루기 위해서다.

부자를 자산의 크기로 보지 말고

삶의 관점에서 보아야 한다.

우리는 삶을 작품으로 만들고 싶은 사람들이니까.

그래서 돈을 버는 것만으로는 부족하다.

돈을 많이 벌어도 내가 거기에 묶여 있다면?

글쎄, 나는 별로다.

3간에 대한 편집권을 확보하는 첫 번째 길은 자산수입이다.

나를 수입원으로부터 분리하는 것이다.

대표적으로 임대소득이 나오는 건물의 소유주가 되는 것,

주식투자를 통해 자본소득을 얻는 것,

일정한 소득이 나오는 저작권이나 특허권을 가지는 것.

이른바 권리수입을 만드는 것이다.

나 역시도 직장을 떠나 나만의 사업으로 이런 수입을 만들었다.

'건물주가 되려면 평생 한 푼도 쓰지 않고 모아도 안 된다.

주변에 주식했다가 망했다는 사람밖에 못 봤다.

작곡가도 아니고 발명가도 아니다.

무슨 되지도 않는 소리인가.'

방법부터 생각하면 도돌이표다. 우선 자신에게 물어보자.

'10년 뒤, 20년 뒤에도 똑같이 살아도 괜찮아?

만나기 싫은 사람을 억지로 만나면서 살아도 괜찮아?

있고 싶지 않은 장소에 있어도 괜찮아?

원하지 않는 시간에 거기에 있어도 괜찮아?'

20대, 30대에 부자인 사람은 거의 없다.

부모에게 물려받지 않고 그 나이에 부자가 된 사람들의

공통점은 부자가 될 수 있는 어떤 행동을 했다는 것이다.

스스로 부자가 된 모든 사람들의 특징이다.

그들은 뭔가를 했다.

지금 부자가 아닌 이유는

부자가 될 수 있는 행동을 하지 않았기 때문이다.

지금부터 방법을 탐색하고 행동하지 않으면

시간이 지나 나이가 들어도 똑같다.

원하지 않은 상태가 된다.

가수이자 기획자 박진영은 젊은 나이에 20억 원을 버는 게

꿈이었다고 한다. 20억 원을 벌면 평생 돈 걱정 없이

자기가 하고 싶은 일을 할 수 있다고 생각했다.

가수가 되어 인기를 끌었고 20억 원을 벌었다.

그렇게 원하던 '20억 원을 번 사람'이 되었는데

뭔가 공허했다고 한다. 그래서 그는 20억 원을 번 사람에서

멈추지 않았고 지금 우리가 아는 JYP가 되었다.

호불호는 있을 수 있지만,

JYP라고 할 때 떠오르는 독특한 이미지는 있다.

그는 '즐겁고 멋지게' 돈을 벌고 있다.

열심히 돈을 벌려고 하는 사람들보다 더 많이.

부동산이든 주식이든 뭐든,

3간에 대한 편집권을 가져야 한다.

어떻게 편집권을 가질 수 있을까?

먼저 즐겁게 할 수 있는 일을 찾고,

거기서 자기 세계를 만들고,

자기만의 브랜드를 만드는 것이다.

그러면 '즐겁고 멋지게' 돈을 벌 수 있다.

설사 돈을 많이 벌지 못하더라도 큰 행복을 맛볼 수 있다.

그렇게 사는 방식이 삶의 높은 만족도를 만들어내고

자신만의 가치를 키울 수 있는 삶의 패턴이다.

남의 시선과 효율성만 따지고 보면

뭔가를 해도 계속 허전한 느낌이다.

세상의 평가가 싸늘하다. 나를 그냥 내버려 두지 않는다.

당장은 어떤 결과도 보이지 않는다.

길이 안 보이는 것도 당연하다.

왜냐하면 아직 가지 않은 길이니까.

내가 만들어가야 할 길이니까.

아무 행동도 하지 않았으니까.

방법을 찾아놓고 행동하는 게 아니다.

행동하면서 방법을 하나씩 시험해보는 것이다.

한 발씩 옮겨가야 새로운 방법들이 보인다.

일단은 욕망하는 것이다.

'오후 4시, 다른 사람들은 직장에 있을 때,

좋아하는 공간에서 좋아하는 책을 읽고 있다.'

혹은,

'내가 좋아하는 사람들과 좋아하는 일을 할 뿐인데,

계좌로 돈이 들어오고 있다.'

누군가에게는 꿈 같은 일이지만

누군가에게는 평범한 일상이다.

어떤 선택을 할 것인가?

기본급, 성과급, 존재급

고용되어 한 달 동안 일했다고 주는 돈을

기본급이라고 한다.

기본 이상의 결과를 냈을 때 주는 돈을

성과급이라고 한다.

안정을 지향하는 사람은

기본급의 비율이 높은 쪽을 선호한다.

성취 지향의 사람은 성과급을 선호한다.

어느 쪽이든 뭔가를 해야 돈을 받는다.

업종의 특성에 차이는 있지만 대부분의 임금체계는

기본급과 성과급으로 구성된다.

그런데 사람들이 잘 알면서도 모르는 급여가 있다.

존재급.

그 존재만으로 선택받고 보상을 받는 '급'여다.

그의 스토리와 아우라가 너무 커서

그 존재만으로 선택받고 보상을 받는 것.

그런 게 어디 있느냐고 하겠지만 많다.

김연아는 더 이상 선수가 아니지만 선수 시절의

스토리와 아우라로 광고모델의 톱이다.

김연아라는 이름에 좌절할 것 없다.

팔로워 10만의 인스타그램에 상품을 홍보하면

그냥 팔려 나간다. 인기 블로그도 다르지 않다.

그가 홍보하는 상품이 특별히 좋아서가 아니다.

이왕이면 내가 좋아하는 사람을 도와주는 기업의 상품을

소비하겠다는 거다. 누군가 시킨 생산 활동을 하는 게

아니라 그냥 하고 싶은 일을 하는데 돈이 생기는 것이다.

이게 존재급이다.

그들은 사람들이 좋아하는 이야기를 하지 않는다.

그들의 이야기를 하는데, 사람들이 좋아하는 것이다.

사람들이 좋아하는 이야기를 하려다 망한 사례는 많다.

자극적인 걸 보여주려다가 조작한 게 걸리기도 한다.

자기 이야기를 지속적으로 하는 사람은

좀처럼 망하지 않는다.

연소득이 1억이니 10억이니, 이런 건 중요하지 않다.

자기가 가진 시간을 오롯이 자신을 위해,

자기 세계를 위해 바쳐도

먹고사는 데 지장이 없는 세상이 되었다는 게 핵심이다.

쫄지 말고 자기 세계를 만들어도 된다는 거다.

돈은 벌 수도 있고 못 벌 수도 있다.

화폐로 교환되지 않을 수 있지만

이미 충분한 만족감을 느끼고 있을 것이다.

"언제부터 재정적으로 자유로워졌습니까?"

이런 질문을 받은 적이 있다.

"회사 그만두는 순간부터요."

"그때는 한 달에 10만 원 벌었다면서요?"

"네. 근데 저는 그때부터 돈 생각 안 하면서 일했거든요."

인식의 전환이 필요하다.

먹고사니즘을 탑재하고 있는 사람들은 이해하지 못한다.

이해하려고 하지도 않는다.

우리는 아직 자기 인생에 대한 욕망을 놓지 않았다.

몰입해서 붓을 들고 있는 화가에게

'저 사람, 아파트는 있대?'라고 묻는다면,

나는 그 사람과는 별로 이야기하고 싶지 않다.

작곡하는 사람에게 그 작업에 대해서 궁금해하기보다

'한 달에 얼마나 번대?'라고 묻는다면,

나는 그 자리를 벗어나고 싶을 거 같다.

예술가에게는 노동시간을 묻지 않는다.

예술가도 '나는 일을 너무 많이 하는 거 같아'라고

불평하지 않는다. 그는 노동을 하는 게 아니니까.

그는 자기 인생 전체를 자기에게 바치고 있다.

인생 전체에서 충만한 시간이 누구보다 긴 사람이다.

그렇게 사는 게 멋지다.

'지금까지 살아온 삶을 앨범 한 장으로 만든다면,

70억 개가 있는 레코드 가게에서 나의 앨범은 어디에

꽂혀 있을까? 10년 후에는? 20년 후에는?'

삶을 이런 관점으로 바라볼 수는 없을까.

자기 세계를 만들지 않으면, 그저 직장인 코너,

자영업 코너, 아파트 소유자 코너 등이다.

나는 내 삶의 앨범이 '김민기'라는 코너에 있기를 바란다.

나의 세계를 만든다는 것은

나만의 장르를 만든다는 것이니까.

거기에는 딱 하나, 나의 앨범만이 있다.

그래서 예술이다.

내 삶을 재료로 작품을 만들어가는 예술가로서의

태도가 필요하다. 쉽지 않다. 굉장히 어렵다.

하지만 뜻이 있는 곳에 길이 있지,

길이 있는 곳에 뜻이 있지는 않다.

재구성의 비밀

'예술가가 된다.'

'창작한다.'

막연하고 막막하다.

백화점 쇼윈도에는 마네킹이 있다.

마네킹이 입고 있는 옷, 쓰고 있는 모자,

들고 있는 가방은 창고에도 있다.

디스플레이 된 옷과 창고에 있는 옷의 가치는 다르다.

옷을 선택하고, 그에 맞는 모자를 선택하고,

또 그에 맞는 가방을 선택한다.

그리고 그에 맞는 조명과 무대장치를 선택한다.

편집이 곧 창작이다.

쇼윈도라는 공간은 한정되어 있다.

전시할 수 있는 시간도 한정되어 있다.

한정된 공간과 시간에 무엇을 선택해서

어떻게 편집할 것인가.

어떤 영화 유튜버는 공포영화만 리뷰한다.

그 많은 영화들 중에서 공포영화를 선택한 것이다.

어떤 유튜버는 웃기는 장면만 골라내 연결하고,

또 다른 유튜버는 잔인한 장면만 골라내 연결한다.

어떤 블로거는 맛집을 탐방하고

어떤 블로거는 책 서평을 올린다.

잘라내고 연결하는 것이 편집이자 곧 창작이다.

'여기서 무엇을 잘라낼까?

이것을 무엇과 연결시킬까?'

인생도 비슷하다.

살아가는 것이 아니라

편집하고 연결한다는 개념으로 보면 다른 게 보인다.

보통 자기계발서는 효율성을 강조하고 열심히 살라고 한다.

성공의 모양을 정해놓고

어떻게 하면 거기에 갈 수 있는지 말한다.

나는 그런 건 없다고 생각한다.

사람이 어떻게 그런 모양으로만 행복할 수 있을까.

사람마다 결이 다르다.

잘라내고 섞어보고 연결하면서 내게 맞는,

내가 즐거운 모양을 발견해내는 과정,

그것이 삶이다.

삶은 성취가 아니라 탐험이고 발견이다.

사람은 다양한 방식으로 행복할 수 있다.

게임에 열광하는 이유

"너, 매일 공부나 하고 게임은 언제 하니?"

이런 질문은 별로 들어본 적이 없다.

학교 공부는 조금만 피곤해도

그걸 핑계 삼아 하지 않으려고 한다.

게임은 어지간히 피곤하지 않고서는 한다.

틈만 나면 공부하는 학생은 드물다.

틈만 나면 게임하는 학생은 많다.

주말에 친구들과 모여서 공부한다고 하면 설레지 않지만

PC방에서 만나기로 한 주말은 기다려진다.

교육과정은 나에게 맞춰 설계되지 않았다.

나를 사회에 맞춰 가는 과정이 학교 공부다.

게임은 나에게 맞춘 것이다.

최대한 다수의 취향에 맞게 설계된다.

그래서 게임은 특별히 노력하지 않아도 쉽게 빠져든다.

게임을 재미없게 만드는 방법이 있다.

"이쪽으로 옮겨. 여기다 건물을 지어야지.

아니야. 그렇게 하면 안 돼."

옆에서 하나하나 지시하는 것이다.

이렇게 하면 자기통제감이 사라진다.

어린 친구들이 게임을 좋아하는 이유는 적어도 게임하는

동안에는 내가 그 게임의 주인공이 될 수 있기 때문이다.

학교 공부, 회사의 업무는 내가 통제할 게 거의 없다.

의무와 지시의 세계다.

물론 주도적으로 공부하고 일할 수 있다.

하지만 움직일 수 있는 공간이 너무 좁다.

게임은 재미와 몰입의 세계다.

의무도 지시도 없다.

그냥 내가 원하는 만큼 즐기면 된다.

학교 공부를 열심히 하면

칭찬이 따라오고 높은 성적이라는 보상이 따라온다.

한 달 동안 일하면 월급이라는 보상이 따라온다.

그런데 게임은 그런 보상이 없다.

모든 놀이는 보상체계로 돌아가지 않는다.

오히려 돈을 낸다. 상황에 따라

PC방에, 당구장에, 골프장에, 클럽에 돈을 지불한다.

보상은 오로지 즐거움이다.

그러니까 즐거운 활동은 나에게 맞춘 것,

내가 통제할 수 있는 것, 돈을 지불하는 것이다.

이런 조건이 갖춰지면 즐겁다.

같은 무대에서 춤을 춰도, 돈을 내고 놀러온 사람들은

한 시간이 짧고 돈을 받고 추는 댄서는 한 시간이 길다.

그 자체를 즐기는 프로들은 드물다.

무엇이 나의 세계일까. 무엇으로 나의 장르를 만들까.

막연할 때는 일단 돈을 써보는 것도 방법이다.

돈을 써서라도 할 일을 업으로 삼는다면?

'그런 게 어디 있어?'

찾아내고 만들어내야 하는 거지, 그냥 주어지지 않는다.

"그러다가 돈만 쓰고 아무것도 안 되면

당신이 책임질 거야?"

아직 자기 세계, 자기 장르를 말하기는 이르다.

간절함도 없고, 절박함도 없다.

자기 장르를 만들어가면 언젠가 발견된다.

초연결 시대니까. 돈도 생긴다.

하지만 그걸 먼저 생각하면 시작하지 못한다.

지속하지 못한다.

그 과정 자체가 선물이라는 것을 알지 못하면

그냥 열심히 하면 되는 일을 찾으면 된다.

즐거움을 주는 일 말고.

나만의 장르를 만들어간다는 것은

마치 나에게 딱 맞는 게임,

나에게 맞춘 게임을 하는 것과 같다.

모든 것이 나의 취향과 욕구에 따라 창조된 세계다.

그런 세계에 대한 욕망을 나는 강조하는 것이다.

아티스트와 기업가의 공통점

"내 작품의 본질은 이거야. 나는 이걸 표현하고 싶어."

아티스트는 본질에 집중한다.

그 본질은 옳고 그름의 영역이 아니다.

해석의 영역이다. 그 해석에 혼이 담겨 있으면 그뿐이다.

기업가도 그렇다. 자기 기업의 본질만 남기고

나머지를 버릴 때 경쟁력이 생긴다.

부수적인 것들을 제거함으로써 본질을 두드러지게 한다.

'당신의 본질은 무엇인가요?'

타고나는 것도 아니고 주어지는 것도 아니다.

해석하고 선택하고 결정하는 것이다.

그러나 당장, 혼이 담긴 해석은 잘 안 된다.

개인이 먼저 할 일은 본질이 아님이 분명한 것을

제거하는 것이다. 무엇을 하지 않을 것인가를 결정하는

것은 무엇을 할 것인가를 결정하는 것만큼 중요하다.

인생의 자원은 한정되어 있으니까.

기준이 되는 말은 '굳이'.

굳이 그 친구를 만나야 해?

굳이 게임을 해야 해?

굳이 드라마를 봐야 해?

지금까지 하고 있는 모든 활동 앞에

'굳이'라는 단어를 붙여보면 상당 부분 걸러진다.

굳이 안 해도 되는 것이 부수적인 것이다.

굳이 해야 하는 것이 본질에 가깝다.

피곤해도 굳이 해야 하는 것,

돈이 들어도 굳이 해야 하는 것,

사람들이 이해해주지 않아도 굳이 해야 하는 것이

나의 본질이다.

그럼에도 불구하고 하고 싶은 것이 나의 본질이다.

먼저 잡초를 뽑아내야 꽃을 볼 수 있다.

뭔가를 하는 게 먼저가 아니다.

하던 뭔가를 하지 않는 것이 순서에 맞다.

'그래도 친구를 어떻게 안 만나?'

'그래도 게임하고 드라마 보면서 스트레스를 푸는데?'

그렇다면 '그래도'의 인생을 살면 된다.

삶의 본질 같은 것, 내 인생을 작품으로 만들고 싶다는
것들은 잊어버리면 그만이다. 곧 이렇게 말하게 될 것이다.
"삶에 의미 따위가 어디 있겠나, 그냥 사는 거지."
아인슈타인은 '어제와 똑같이 살면서 새로운 미래를
기대하는 것은 정신병 초기 증세'라고 했다.
학생도 바쁘고, 직장인도 바쁘고, 주부도 바쁘다.
주어지는 시간도 24시간으로 똑같다.
왜 바쁜가 하면 굳이 안 해도 되는 걸 하고 있기 때문이다.
그러니까 굳이 해야 할 일을 할 시간도 없는 것이다.

같은 건물 다른 해석

안도 다다오.

건축을 잘 모르더라도 한 번쯤 들어본 이름,

노출 콘크리트로 유명한 일본 건축가다.

건축계의 노벨상이라고 할 수 있는

프리츠커상을 수상한 거장.

노출 콘크리트로 지어진 건물은 모두 그에게 영감 받은

작품이라고 해도 된다.

그런데 안도 다다오는 건축을 전공하지 않았다.

심지어 대학교도 나오지 않았다.

그는 아마추어 복서였다.

어떻게 복싱선수를 꿈꾸던 사람이 전혀 관계가 없던

건축 분야에서 최고의 자리에 오를 수 있었을까?

어느 날 체육관에서 프로선수와 스파링을 한 번 해본 후
본인은 복싱에 소질 없다는 것을 알았다고 한다.
그 무렵 우연히 서점에서 현대건축의 아버지라 불리는
르 코르뷔지에의 작품집을 발견한다.
작품에 매료된 그는 실제로 봐야겠다고 결심하고
유럽여행을 떠나게 된다.
여행을 다녀와서 본인의 진로를 건축으로 잡고
동네에 조그마한 집들의 설계부터 시작했다.
하지만 지방의 이름도 없는 건축가는
어떻게 그렇게 유명해졌을까?
안도 다다오가 건축학계에 주목을 받기 시작한 것은
'스미요시 나가야'라는 작은 집이 소개된 이후다.
안도 다다오가 설계한 이 집은 굉장히 특이하다.
폭과 너비가 좁은 박스형 주택인데 신기한 건
이 작은 집 중앙에 하늘이 뚫려 있는 정원을
만들었다는 것이다.
대지 면적이 작아서 방들도 최소한으로 설계했는데
중간에 뻥 뚫린 공간을 만들다니.
여름에는 햇볕이 비쳐서 너무 덥고,
겨울은 바람 때문에 엄청 춥다.
심지어 비가 오는 날이면
이 방에서 저 방으로 이동할 때 우산을 써야 한다.

살기에는 너무나 불편한 집인 것이다.

한 기자가 물었다.

"왜 이렇게 불편한 집을 설계했습니까?"

"나는 어떤 집을 지을까를 고민하기 이전에

사람에게 주거란 무엇인가에 대한 근원적인 질문을

먼저 해보았습니다. 자연의 일부로 존재하는 것,

그것이 주거의 본질입니다."

자연의 일부로 존재해야 하기에

겨울에는 추워야 하고 여름에는 더워야 한다.

햇볕이 그렇듯, 비도 집 안으로 들어와야 한다.

그래야 자연의 일부로서 생활할 수 있다.

그래서 그가 설계한 집에서 사는 집주인도

그 주거 본질에 맞는 생활방식을 받아들여야만

그 집에 살 수 있다. 불편해도 불평을 하면 안 된다.

보통의 건축가들은 건축주의 요구에 따라 설계를

진행한다. 설사 그것이 본인의 뜻에 맞지 않더라도

돈을 내는 사람의 의견을 더 중요시하는 것이다.

상식적으로는 이런 방식이 맞다.

하지만 안도 다다오는 달랐다.

본인만의 뚜렷한 가치관을 가지고

가끔은 건축주와 투쟁을 하면서 본인의 스타일을

관철시켰다. 이것이 바로 안도 다다오를

세계적인 거장으로 거듭나게 한 힘이다.

어떤 상황에서도 본인의 뜻을 굽히지 않고

본인의 스타일을 밀고 나가는 것,

자기만의 세계를 분명히 만들었기 때문에

지금은 전 세계에서 그의 손길을 기다리고 있는 것이다.

나는 '스미요시 나가야' 같은 집에 살고 싶지는 않다.

내 취향이 아니다. 하지만 안도 다다오가

자신의 주거에 대한 해석을 실재 세계에 만들어냈다는

것은 정말 멋지다고 생각한다.

안도 다다오 다음 세대의 건축가인 쿠마 겐고는

'지면은 끝없이 연결되어 있어 단절이 불가능하다'는

철학으로 건축물을 설계했다.

그는 그 지역과 어울리는 건축 재료를

쓰는 것으로 유명하다.

반 시게루는 소수자와 약자의 주택 문제에 관심을 가졌다.

세계의 재난 지역을 다니며 종이, 대나무, 천 등으로

힘든 사람들에게 주택을 제공했다.

누가 내 취향인지 말할 수 있지만

누가 더 훌륭하다고 말할 수 없다. 비교되지 않는다.

각자 자기만의 철학, 해석으로

자기 세계를 만들었기 때문이다.

"이렇게 하면 건축비를 30% 줄일 수 있습니다.

저렇게 하면 공사기간도 단축될 수 있죠."

이런 제안은 멋지지 않다.

왜 그래야만 하는지 본질적인 의미보다는 실용뿐이다.

건축가의 고집과 철학이 느껴지지 않는다.

실용 그 자체를 나쁘다고 할 수 없다.

하지만 거기에도 자기 나름의 해석이 있어야 한다.

그래야 멋지다.

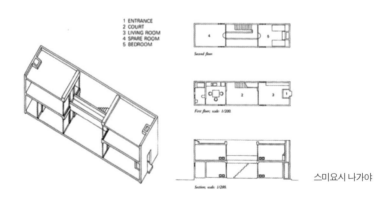

스미요시 나가야

적자생존

환경에 적응하는 자는 살아남는다.

환경에 적응하지 못한 자는 도태된다.

적자생존 법칙이다.

고등학교라는 환경에 잘 적응한 사람은

상위권 대학에 진학한다.

대학이라는 환경에 잘 적응한 사람은

이른바 좋은 직장에 입사한다.

직장이라는 환경에 잘 적응한 사람은

남들보다 좀 더 빨리 승진한다.

10년 전에 어떤 환경에 있었고

거기에 적응하기 위해 어떤 행동을 했는가.

어떤 환경이었든, 어떤 행동이었든

그 결과가 지금의 환경이다.

현재의 환경에 잘 적응하면 10년 후에는 어떻게 될까?

17년 전 나의 환경은 대기업의 기획실이었다.

신입사원이 할 일은 별로 없었다. 조금 과장하면,

가장 중요한 업무가 문서정리와 회식장소를 잡는 거였다.

적응하는 거 어렵지 않았다.

선배들은 어떻게 적응했을까.

최선을 다해 최선을 다하지 않는 것 같았다.

업무 시간에 뉴스 보고 인터넷 쇼핑하는 걸 많이 봤다.

물론 주어진 일을 열심히 하면서

잠깐잠깐 본인만의 시간을 가졌을 수 있다.

하지만 본인 업무에 대해서

그렇게 뜨거운 열정을 가진 사람은 만나보지 못했다.

그 사실을 나도 알고, 너도 알지만 다들 모른 척했다.

한참 위의 선배들을 봤다. 임원급이다.

대기업이라는 환경에 잘 적응했을 때 갈 수 있는 위치였다.

'임원 김민기'를 상상해보았다.

임원으로 살고 있는 많은 분들의 행복을 내가 판단할 수

없다. 자기 행복은 자기가 판단하는 것이다.

하지만 적어도 나는 절대로 행복할 수 있을 것 같지

않았다. 불행할 것 같았다.

'지금 어떤 환경에 적응하고 있나요?'

또 하나의 문제.

지금 환경에 잘 적응한다고 해서

잘 적응했던 선배들처럼 될 수 있을까?

세상은 변화해왔고, 지금도 변화하고 있고,

앞으로는 더 빨리 변화할 것이다.

사람이 하던 일을 기계가 대신하고 있다.

열 명이 하던 일을 혼자서 하고 있다.

미래에는 어떻게 될까?

사람이 하던 일을 기계가 하는 일은 늘어나겠지만

기계가 하던 일을 사람이 하게 되는 일은 없다.

한 사람이면 되던 일을 두 사람이 하게 되는 일도 없다.

지금 있는 환경은 미래에 어떻게 될 것인가.

환경에 적응했는데, 그 환경 자체가 사라질 수도 있다.

지금 있는 직업은 사라지고 새로운 직업이 나타날 것이다.

'지금의 환경에 성공적으로 적응했을 때

성공적인 인생이 될 수 있나요?'

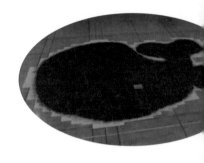

나의 고래
-일본 어린이재단 공익광고 고래편

한 아이가 크레파스를 손에 쥐고 그림을 그린다.

그런데 이상하다. 도화지 가득 검은색만 칠한다.

그리고 다음 도화지에도 검은색을 칠한다.

또 그 다음에도. 아무도 아이의 그림을 이해하지 못했다.

아이는 정신병원에 갇혀서도 검은 그림을

계속해서 그린다. 멈추지 않는다.

주위 사람들은 이 아이를 걱정하지만

정작 아이가 그리고 있었던 것은

여러 장의 도화지가 필요한 엄청나게 큰 고래였다.

사회는 주어진 도화지에서 본인들이 예측 가능한 일을

할 때 그 사람을 인정하고 긍정적으로 평가하는

경향이 있다. 이해가 되지 않고 튀는 행동을 하거나

의외의 선택을 할 때 좋게 보기보다는

일단 부정적으로 평가하는 경우가 많다.

타인들은 꿈을 위해 하는 행동들을 이해하지 못한다.

자기 범위에서 벗어나는 것을 보려고 하지 않는다.

그냥 쉽게 비난한다. 걱정하는 척하면서 폄하한다.

그래서 꿈을 향한 여정은 투쟁의 여정이기도 하다.

사람은 인정받고 싶은 욕구가 있다.

사회를 이뤄 살아가는 사람에게

이 욕구는 엄청나게 강하다.

그래서 지금 인정받을 수 있는 행동을 하고 싶다.

저항이 훨씬 적다. 저항이 적은 쪽의 행동을 반복하면

남들이 코치하는 대로 그림을 그리게 된다.

자기 그림이 아니다.

주변의 저항이 있다면 제대로 가고 있는 것이다.

그들을 설득할 필요는 없다.

설득하는 데도 에너지가 소비된다.

타인의 인정을 바라고 행동하면 그들의 뜻대로 살게 된다.

먼저 내가 나의 인정을 받아야 한다.

타인의 인정은 그 다음이다.

자기 스스로 엄지손가락을 '척!' 세울 수 있는 삶이 먼저다.

〈제로 투 원〉

-피터 틸, 블레이크 매스터스

2등은 3등(?)과 경쟁해야 한다. 10등까지 있다면 그들 모두는 서로 경쟁 관계에 있다. 경쟁에서 벗어나려면 온리원(Only One)이 되어야 한다. 그러면 경쟁하지 않고 독점할 수 있다. 세상에 없던, 완전히 새로운 것을 만들면 온리원이 된다.

나는 온리원이 되고 싶다. 내가 하고 있는 사업도 60년이 넘은 사업모델이지만 나는 충분히 가능하다고 생각한다.

완전히 새로운 것을 만드는 것도 방법이지만 기존에 있던 것을 새롭게 해석해 새로운 가치를 부여하면 그것으로도 온리원이 될 수 있다고 믿는다. 그냥 사업을 하는 많은 사람들 중 하나가 아니라 김민기라는 브랜드를 만들려고 한다. 나만의 장르를 만들려고 한다.

때때로 튀는 행동을 마다하지 않았다. 강연을 하기 전에 수만 명의 사람들 앞에서 춤을 추면서 등장하기도 했다. 디제이를 섭외해 랩을 하면서 등장하기도 했다. 천장에서 줄을 타고 내려온 적도 있다. 가끔 옷도 파격적으로 입는다.

내가 만들고 싶은 장르는 다이내믹 비즈니스다. 내가 하고 있는 일도 처음 시작할 때는 많이 보수적이고 안정적인 곳이었던 거 같다. 그런 분위기에 파격을 주고 싶었다. 모범생만 있으면 모범생밖에 안 나온다. 지금은 많은 젊은이들이 이 사업에 관심을 가지고 도전하고 있다. 그들은 그들의 미래를 스스로 만들어 나갈 수 있는 힘이 있다. 나는 내가 먼저 그것이 가능하다는 것을 보여주고 싶다.

넘버원은 한 명이지만 온리원은 누구나 될 수 있다. 태어날 때부터 우리는 온리원인 존재다.

《세계의 리더들은 왜 직감을 단련하는가》

-야마구치 슈

이 책은 읽고 머리를 한 대 두드려 맞은 듯한 느낌이었다. 내가 지금까지 알고 있었던 인재의 역량, 조건, 능력들이 완전히 송두리째 바뀌는 순간이었다. 저자는 《철학은 어떻게 삶의 무기가 되는가》로 유명해진 비즈니스 컨설턴트 야마구치 슈.

저자는 유수의 기업들을 분석하고 그 회사의 전략을 수립하면서 최고 인재들과 전문가들을 만났다. 그들과 오랜 인터뷰를 통해 지금의 인재는 논리, 이성적 사고가 아닌 직관, 감성적 사고가 중요하다는 것을 깨닫게 되었다. 과거의 회사들은 주어진 데이터들을 논리적으로 분석해서 미래 전략을 세웠는데 그런 분석의 틀은 지금 너무나 흔해졌고, 또한 지금의 고객 니즈는 어떤 분석을 통해서 알기가 어려워졌기 때문이다. 각 개인들이 자신만의 모바일 기기를 통해 자기 취향을 키우고 자기 욕구를 실현하고자 하는 추세가 강하기 때문에 기업들은 분석보다는 고객들에게 영감을 줄 수 있는 가치를 지속적으로 제안하는 것이 중요해졌다.

결국 사람들을 설레게 하는 비전을 제시하는 것이 중요한데 이것은 논리와 이성의 영역이 아니라 감성과 미의식에 기반한 창조적 활동이어만 하는 것이다. 야마구치 슈는 여기서 그 회사의 '철학의 격'이 미래의 경쟁력을 좌우한다고 했는데 정말 공감하는 부분이었다. 이제는 단순히 돈을 벌기 위해 자본주의의 한 시스템으로서의 기업이 아니라 우리의 욕망을 업그레이드시켜주고 우리가 그 회사의 제품 또는 서비스를 이용함으로써 우리의 가치를 올릴 수 있는 기업이 필요한 시기다.

우리 개인도 마찬가지다. 짧은 계산으로 본인의 진로를 결정할 것이 아니라 지속적으로 사람들에게 호기심과 설렘을 줄 수 있는 가치를 만들어내는 길. 그것이 바로 미래 인재의 방향이자 조건이라 하겠다.

3장

오직
두려움 없이

변화의 사분면

다들 변화 속에 기회가 있다고 한다.

그런데 왜 많은 사람들은 그런 변화와 기회를

잘 감지하지 못하는 걸까?

다수의 사람들은 'Comfort zone'에 있다.

나는 익숙한 불평의 세계라고 부르는 편안한 세계다.

같은 직장에 있으면 비슷한 것을 원하고 비슷한 것을

불평한다. 주어진 상황에 의해 발생하는 문제는 있지만

스스로 만들어내는 문제는 없다.

여기서 의문을 가지는 사람이 있다.

'이건 아닌데, 이건 아닌 것 같은데.

내 인생, 이거밖에 없을까?'

이 의문이 생기면 힘들다.

다른 사람이 보기에는 멀쩡히 직장에 다니고 있는데,

본인은 괴롭다. 불편하다.

뭔가 다른 세계를 원하는데 그게 뭔지를 모르니까.

나는 괴롭지만 다른 사람들은 아무렇지도 않은 이 단계를

'Cry zone'이라고 부른다. 마음속으로 우는 단계다.

울면서 뭐가 있을까 찾는다.

주변 사람들에게 고민을 털어놓는다.

"뭘 울고 있어? 사람 사는 거 똑같아."

여기서 꺾이면 다시 Comfort zone으로 돌아간다.

'아니야. 그래도 뭔가 있을 거야.'

꺾이지 않는 사람은 계속해서 탐색을 한다.

그러다가 '느낌이 오는' 뭔가를 발견한다.

일종의 수단을 발견한 것이다.

행동을 시작하고 다른 사람들에게 말을 하기도 한다.

충돌이 시작된다. 드러났기 때문에 부딪힌다.

울고 있을 때보다 더 힘들다.

나는 강한 확신을 가지고 밀어 붙이고자 하지만

이때부터 사람들의 강한 저항이 시작된다.

다른 사람들은 나만큼 고민해보지도 않았고

무엇보다도 내가 진짜 무엇을 원하는지 모르기 때문에

겉으로 보이는 설명만으로는 나를 이해하기가 어렵다.

바로 'Challenge zone'이다.

호기롭게 시작하기는 했는데, 잘 안 된다.

명확한 방법도 보이지 않고 좌충우돌이다.

그전보다 상황이 오히려 나빠지는 것처럼 보인다.

주위의 반대도 심하다. 여기서 돌아가는 사람이 제일 많다.

여기서 'Chance zone'으로 넘어가야 하는데

보이지가 않는다. 뭘 해야 하는지도 모른다.

주위 사람들도 도와주고 싶지만

무엇을 어떻게 해야 할지 모른다.

다른 영역이다. 무지와 두려움의 구간이다.

이때 필요한 것이 '낯선 사람'이다.

내가 모르거나 두려워하는 그 일을 이미

편안하게 느끼는 사람이 있다.

그를 만나면 기회의 구간으로 진입할 수 있다.

이건 한두 발씩 걸음을 옮기는 게 아니다.

일종의 도약이다. 도약을 한 자리에서는

Comfort zone, Cry zone, Challenge zone을 조망할

수 있다. '아, 내가 못 보던 게 있었구나.'

나는 처음 철인3종 경기에 도전하려고 했을 때 두려웠다.

'저렇게 힘든 걸 내가 할 수 있을까?'

그런데 이미 오래전부터 철인3종을 뛰고 있는,

뭘 어떻게 하면 되는지 알고 있는 사람을 만났다.

그럼으로써 무지가 사라지고 두려움이 사라졌다.

낯선 사람이란 꼭 사회적으로 성공한 사람만을 의미하지

않는다. 내가 모르는 것, 두려워하는 것을

편안하게 여기는 사람을 뜻한다.

Challenge zone에서 헤매는 이유는

내 주위에 그것을 편안하게 여기는 사람이 없다는 뜻이다.

그래서 낯선 사람을 만나러 가야 하는 것이다.

같은 구간에 있는 사람만 만나서는 안 된다는 이야기다.

지금 있는 자리가 불편하고 괴롭다면 가능성이 있다.

마음속으로 울고 있다면, 필요한 일을 하는 것이다.

주위에서 반대하고 부딪힌다면 방향을 잘 잡은 것이다.

두려움이 느껴진다면 아주 좋다.

두렵지 않을 정도의 욕망은 욕망이 아니다.

삶의 변화를 만들어낼 때 거치는 과정이다.

변화의 과정을 모르면

'이게 아닌가 보다' 하고 돌아가게 된다.

변화의 과정을 알고 있다면 회의하지 않는다.

'아하! 내가 지금 이 구간에 있구나.'

도약을 통해 Chance zone으로 올라오면

바로 그 자리가 Comfort zone이 된다.

성공은 내 욕망을 실현해 나가는 과정이다.

내가 꿈꿨던 것, 두려움을 느낄 만큼의 욕망을

편안하게 여기는 공간을 확장해 나가는 과정이다.

164

이것이 성공의 개념이다.

그래서 성공은, 개인의 성장과 학습을

반드시 수반해야 한다.

그래서 성공은, 한 번에 오지 않는다.

무조건 된다

강정을 만들어 파는 후배가 있다.

꽤 오래전부터 시작했다.

세상의 기준으로 보면 자영업자다.

일반적인 자영업자는 종업원 월급 주고 월세 내고

전기세를 포함한 부대비용을 계산할 때

내게 떨어지는 돈은 얼마인가를 고민한다.

모든 사업이 이 계산 없이 돌아가지 않는다.

그런데 그는 한 번도 그런 이야기를 꺼내지 않는다.

대화를 하다 보면 늘 강정과 고객, 팀원들을 생각하고 있다.

'어떻게 하면 내 상품으로 사람들을 즐겁게 해줄까?'

'어떻게 하면 세상에 없던 강정을 선보일 수 있을까?'

'어떻게 하면 한과의 전통에 젊음을 입힐 수 있을까?'

다른 사람들이 보면 그냥 자영업자지만

나에게 그는 예술가다.

자신을 표현할 도구로 강정을 선택했다.

자신이 흥미를 느끼는 강정을 즐거움의 도구로 선택했다.

흥미로운 과제, 즐거운 일을 한다면

그게 무슨 일이든 예술가처럼 할 수 있다.

화와 슬픔이 그런 것처럼 즐거움도 전염이 된다.

즐거운 일을 하는 사람의 에너지와 활기도 전염이 된다.

예술가라고 보지 않을 이유가 없다.

로버트 헨리는 《예술의 정신》에서 이렇게 말했다.

"예술가는 세상을 향해 무엇을 표현하기 전에

자신의 내부에서 남들과 뚜렷하게 다른

개성을 인식해야 한다.

대부분의 사람들은 훈련에 의해, 유산에 의해

자신을 신통치 않은 사람, 이류,

남들과 똑같은 사람이라고 생각한다.

그러나 모든 사람에게는 위대한 신비가 깃들어 있고

모든 개인은 자신의 개성을 증명해줄 증거를 갖고 있다."

위대한 신비, 개성의 증거는 이미 우리 안에 있다.

꺼내는 방법을 모를 뿐이다.

꺼낼 용기를 내지 못했을 뿐이다.

먼저 자신에게 흥미로운 존재가 된다.

그 흥미를 표현한다. 그게 행복이다.

그리고 행복으로 가는 쉬운 길은 없다.

행복해지려면 용기가 있어야 한다.

새싹처럼 고개를 드는 용기를 더 자라지 못하게 하는 것은

두려움, 결과에 대한 두려움이다.

'이게 될까, 안 될까. 안 되면 쪽팔리고 쪽박인데….'

돈을 벌면 되는 거고, 못 벌면 안 되는 거라면,

그런 생각을 갖고 있다면 예술가라고 할 수 없다.

되고 안 되고는 없다. 무조건 된다.

내가 결정한 세상에서 내 삶의 양식을

만들어 나가는 것이다.

하루하루가 즐겁고 흥미롭다.

내 인생에서 내가 작업하는 것이다.

그러니까 무조건 되는 것이다.

삶의 3도

삶의 갈증은 조건으로 해결되지 않는다.

진짜 충만하고 즐겁게 살기 위해서는

삶의 3도가 있어야 한다.

순도

부러움을 사는 사람이 있다.

높은 연봉에 안정적인 직장이 있다.

아내와의 관계도 나쁘지 않고 자식들도 잘 자라고 있다.

자주 교류하는 친구도 있다.

그런데 본인은 우울하다.

배가 불러서 그런다고 하지만 아니다.

삶의 순도가 낮기 때문이다.

순도 100%는 다른 불순물이 전혀 없는 것이다.

삶에서의 불순물은 외부의 시선, 부모의 기대, 조건

그리고 본인의 두려움이다.

이런 것들이 삶에 많이 들어와 있을수록

삶의 순도는 낮다.

위기의 순간이 닥칠 때 명확하게 드러난다.

위기를 맞았을 때 다른 사람의 탓을 한다면

순도가 낮은 것이다.

이 말은 곧 자기 인생을 자기가 살지 않는다는 의미다.

스스로 선택하지 않았다는 것이다.

내면과 외면을 일치시키는 것,

남이 맞다고 하는 삶이 아니라

내가 맞다고 하는 삶을 사는 것이 순도 높은 삶이다.

'내 삶이 나로 가득 차 있는가.

나는 내 삶에 얼마나 솔직한가.'

우리 사회는 자기를 탐색할 시간을 주지 않는다.

세모인 나를 잘라내 네모의 틀에 맞추면

'이러이러한 조건'을 제공하겠다고 한다.

그렇게 맞춰온 세월이 길다.

어느 순간 자신을 마주보는 일이 두렵다.

'먹고사는 건 먹고사는 거고,

좋아하는 건 취미로나 해야지.'

조건을 따지게 되면 매순간 재게 된다.

이 길인가, 저 길인가. 이 사람인가, 저 사람인가.

원하는 조건이 맞춰질 수 있지만

그럴수록 자기 자신을 소외시키게 된다.

삶의 순도가 낮아진다.

'그래도 괜찮다. 사는 게 그런 거다'라고 한다면

그것은 자기 선택이다. 하지만 지금 내가 나를 느낄 때

'별로'라면 용기를 내야 한다.

조건으로는 절대 해결이 안 된다.

삶의 문제다. 삶은 조건이 아니다.

무엇을 가질 것이냐가 아니라 어떤 사람이 될 것이냐다.

존재다.

농도

미켈란젤로의 유명한 이야기다.

천지창조를 그릴 때였다.

그는 거의 누운 자세로 천장화를 그렸다.

"잘 보이지도 않는 구석까지 뭘 그렇게 정성을 들이나?

누가 알아준다고."

"내가 알지."

이 대화는 이렇게 바꿔볼 수 있겠다.

"야! 적당히 해. 다른 사람은 보지도 않아."

"야! 내가 남들 땜에 이러는 거 같아?"

174

친구가 보기에 천장화를 그리는 것은 고통이었겠지만

미켈란젤로에게는 굉장히 충만한 시간이었을 것이다.

'내가 얼마나 행복한지 모를걸?'

적당히 하면 두렵다.

남들의 평가가 개입할 여지가 충분히 있기 때문이다.

하지만 자기 기준이 높다면 다르다.

자기 일에 대한 자신의 기대치가 높은 사람들은

눈치를 보지 않는다.

비난도 두렵지 않고 누가 칭찬해주지 않아도 괜찮다.

'뭘 그렇게까지 하냐' 수준까지 기준을 올려버리면

타인의 시선이 사라진다. 몰입의 시작이다.

농도 짙은 삶이란 몰입하는 삶이다.

높은 자기 기준, 탁월함에 대한 지향이 몰입을 만들어낸다.

그게 희열이고 충만이다.

보통 사람들은 기대 수준과 능력 사이의 간극을

고통이라고 생각한다. 고통을 줄이는 방법은 간단하다.

기대 수준을 낮추는 것이다.

농도가 짙은 사람들은 할 수 있는 것보다

본인이 진짜 원하는 것을 목표치로 설정한다.

그리고 몰아붙인다.

그 기준은 자신의 것이기 때문에

간극을 좁혀 나가는 순간순간은 자유의 시간이다.

설사 기대 수준에 도달하지 못하더라도 성장할 수 있다.

성장 없는 성공보다 성장 있는 실패가 낫다.

그렇게 한다고 누가 돈을 더 주지 않는다.

칭찬해주지 않는다.

보상은 매 순간의 짜릿함이다.

인생의 깊은 즐거움은 여기에 있다.

밀도

순도 높은 삶을 지향하더라도 당장 안 된다.

삶의 순도는 점점 높여가는 것이지

물통처럼 비우고 곧바로 새로운 물을 채울 수 있는 게

아니다. 우선은 순도 높은 시간을 확보해야 한다.

그러자면 순도가 낮은 일,

이를테면 먹고살기 위해 다니는 직장의 일을 잘해야 한다.

직장이 전부인 사람은 그것만으로도 벅차다.

하지만 퇴근 후에 순도 높은 일을 하려는 사람은

일을 효율적으로 처리하는 방법을 고안해낸다.

그래야만 하니까.

순도 높은 선택, 그 선택에 대한 높은 기준과

농도 짙은 몰입 그리고 몰입을 가능하게 하는 조건,

일의 프로세스가 밀도다.

시간을 쪼개는 건 별로다.

자투리 시간에는 자투리 일을 하는 거다.

효율적인 일 처리 방법을 만들어내는 것은

덩어리 시간을 확보하기 위해서다.

덩어리 시간을 만들어서 몰입해야 한다.

덩어리 시간은 포기할 것을 결정할 때 생긴다.

'유튜브 보고, 카톡에 답하고, 드라마 보고'

이러면 덩어리 시간을 확보할 수 없다.

우선순위.

이것저것 하지 않고, 오로지 순도 높은 하나의 일에

몰입할 시간의 자원을 마련해야 한다.

어차피 누구에게나 24시간이다.

그 안에서 어떤 사람은 먹고사는 데 하루의 절반을 쓰고,

나머지 절반을 먹고사는 데 쓸 에너지를 비축하는 데 쓴다.

어떤 사람은 그 안에서 순도 높은 탁월함을 만들어낸다.

누구에게나 24시간, 누구에게도 한 번의 인생이다.

순도가 진심 어린 선택, 농도가 본인만의 기준이라면

밀도는 일을 하는 방법이다.

순도, 농도, 밀도가 맞물려서 돌아가기 시작하면

정말 어마어마한 큰 기쁨과 성과를 만들어낼 수 있다.

자립에서 자유로

태어나서 유아기까지는 완벽하게 부모에게 의존한다.

부모가 먹여주고 입혀주고 재워준다.

부모가 돌봐주지 않으면 생존이 위태롭다.

자랄수록 의존도는 조금씩 약해진다.

그래도 스스로 돈을 벌기 전까지는 부모에게 전적으로

의존하는 삶이다. 사회에 나아가 돈을 번다.

부모 집에서 나와 별도의 공간을 마련한다.

그랬을 때 보통 독립했다고 한다.

혼자 섰다는 것, 자립했다는 것이다.

그러나 이 자립은 허약하다.

직장에서 잘리면 자립의 기초가 무너진다.

회사가 망해도 마찬가지다. 직장에 의존하고 있는 것이다.

정년이 보장된 직장도 다르지 않다.
의존하지 않았다면 퇴직 후에도 멀쩡해야 하는데
정신적으로 경제적으로 휘청거리는 삶이 적지 않다.
돈을 왕창 벌면 자립할 수 있지 않을까.
종업원 여럿을 두고 있고 매년 순소득이 10억 원이다.
돈이 많으니까 자립한 것인가.
그 수입이 몇몇 거래처에서 나오는 거라면
지극히 의존적이다. 몇몇 거래처의 사장이
마음을 바꿔버리면 곧바로 휘청거린다.
보통의 자영업도 크게 다르지 않다.
동네에서 악소문이 나면 문 닫아야 한다.

인간은 살아 있는 동안 완전한 자립을 이룰 수 없다.
누군가에게 의존해야 한다. 문제는 의존의 형태다.
아이폰 유저는 본인이 애플을 먹여 살린다고 생각하지
않는다. 수천만 원짜리 차 하나 산다고
현대자동차를 먹여 살린다고 생각하지 않는다.
의존하는 사람이 적을수록 의존의 강도는 강해진다.
의존하는 사람이 불특정 다수가 될수록
자립의 강도가 세다. 직장인이었을 때,
직장인으로서의 내 성공을 좌우하는 사람은
상사 몇 명이었다. 사업을 시작한 후 처음에는

고객이 몇 명 되지 않았다. 당연하다.

그 몇 명 되지 않는 사람 각자의 매출도 적었다.

지금은 내 고객의 수를 모르고 그들이 누구인지도

당연히 모른다. 몇 명이 빠져도 표가 나지 않고

몇 명이 더 들어와도 큰 차이가 없다.

강한 자립이 자유의 토대다.

이것도 할 수 있고, 저것도 할 수 있는 게 자유는 아니다.

어떤 사람은 아침 6시에 꼭 일어나야 한다.

자유롭지 않은 것일까.

10시에 일어나도 되고 12시에 일어나도 되는 사람은

자유로운가. 스스로 자기에게 부여한 임무를 위해

스스로 6시에 일어나는 사람은 자유롭다.

10시에 일어나든, 12시에 일어나든

할 게 없는 사람은 자유롭지 않다.

자유롭기는커녕 뭘 할지 몰라 굉장히 괴로울 수 있다.

은퇴 후 할 일이 없어서 공원에 나가 있거나

집에 가만히 있는 상태를 생각해보라.

당신이 원하는 자유가 그것인가?

돈이 많다고, 시간이 많다고 자유로워지는 게 아니다.

스스로 自, 말미암을 由, 자유다.

행동의 원인이나 근거가 자신에게 말미암은 것이 자유다.

점점 나다움을 찾아가는 것,

점점 나답게 사는 것이 자유다.

나답게 산다는 게 곧 자기 세계를 만들어 나가는 것이다.

자기만의 장르라고 불러도 좋다.

부모에게 의존하면 부모의 통제를 받아야 한다.

직장에 의존하면 직장의 통제를 받아야 한다.

의존과 통제는 늘 같이 다닌다.

스스로 말미암은 삶을 살아가려면

타인의 통제가 적어야 한다.

내 세계에 대한 통제를 막는 힘은

불특정 다수의 지지에서 나온다.

지지자는 내 상품을 사주는 사람일 수도 있고

유튜브 구독자일 수도 있고

인스타그램의 팔로워일 수도 있다.

내가 의존하는 불특정 다수가 자립을 가능하게 하고

그 자립의 강도가 자유의 강도를 높인다.

불특정 다수에게 끌려다니는 게 아니라

불특정 다수를 끌고 가려면 자기 세계가 확고해야 한다.

독특한 나다움을 유지해야 한다.

확고한 팬층을 가진 인플루언서들이 그렇다.

뾰족한 자기 세계로 승부한다.

유행 따라 휩쓸려 다니는 거라면

인기인이 될지는 몰라도 자유인은 아니다.

자기답지 못하다.

자기 인생이 아니다.

마니아도 충분히 많다

일반적인 프랜차이즈 빵집에는 다양한 빵이 있다.
빵을 싫어하지 않는 사람이라면 몇 종류의 빵을
고를 수 있다. 한 바퀴 돌면서 먹음직스러운 빵을
고르는 재미가 있다.
하지만 그런 곳에서 특별함을 느끼는 사람은 많지 않다.
'밀도'라는 빵집은 식빵이 전문이다.
밀도의 전익범 셰프 역시 과거에는 '평범한' 빵집을 했다.
빵 종류만 100가지가 넘었다.
그러다 '다시 기본으로 돌아가자'고 결정하고
식빵을 전문으로 하는 빵집을 열었다.
'식빵, 그게 뭐라고' 줄을 서서 사 먹는다.
그저 빵이면 되는 사람도 있다.

하지만 빵에 대한 욕망이 높은 사람도 있다.

좀 더 맛있는 빵을 먹고 싶다.

단순히 먹는 게 아니라 빵을 체험하고 싶다.

빵을 좋아하는 모든 사람을 타깃으로 하지 않는다.

식빵 하나면 충분하다.

매거진에서 접하게 된 전익범 셰프의 인터뷰다.

"사실 저는 기계공학을 전공했어요. 졸업은 못 했습니다. 애석하게도 공부에 소질이 없었는지 적성에 잘 맞지 않더라고요. 손으로 만드는 걸 좋아해서 자연스럽게 요리 쪽을 생각했고, 그러다 제과제빵에 눈을 뜬 것이 시작이었습니다. 밀도라는 이름은 식사라는 개념의 밀(Meal)과 온도 습도의 도를 더한 의미입니다. 저는 고객들의 일상에서 가장 기본이 되는 식빵에 정성을 쏟고 싶었어요. 기본에 충실한 것이 밀도만의 철학이라고 생각합니다. 밀도는 청정 지역에서 생산된 밀가루와 전라도 통밀을 블랜딩해 사용해요. 특히 유기농 밀가루를 고르는 것보다 청정 지역에서 재배된 밀 원재료를 선별하는데 더 많은 공을 들이죠. 식빵을 구울 때 그날의 온도와 습도에 따라 차이를 두죠. 그래야 진짜 최고의 맛과 품질이 나오거든요."

- 〈정성과 철학이 담긴 식빵 전문 베이커리, 밀도 전익범 셰프 인터뷰〉 중에서,
앨리웨이 광교, 골목 상점 살펴보기

186

식빵은 빵 중에서는 단순한 빵에 속한다.

어찌 보면 빵집에서 가장 주목을 못 받는 품목이다.

나도 빵을 좋아하지만 식빵은 잘 사 먹지 않는다.

그런 식빵으로 이런 브랜드를 만들어냈다.

식빵에 대한 철학, 식빵에 대한 애정, 식빵에 대한 열정이

이런 멋진 브랜드를 만들어내고 소비자들에게 큰 감동을

주는 것이다. 다른 건 몰라도,

밀도의 식빵은 나도 먹어보고 싶다.

스토리의 힘이다.

가방이 있다. 낡았다. 흠집도 나 있다.

아들이 그런 가방을 메고 다닌다면

기성세대인 아버지는 이렇게 말할지도 모른다.

"가방이 그게 뭐냐. 가자. 그럴싸한 걸로 사줄게."

'프라이탁'이다.

가방의 재료는 화물트럭의 물건을 보호하던 방수포다.

그냥 방수포가 아니다.

트럭에서 사용한 방수포만을 사용한다.

이음새는 자전거의 폐타이어,

가방끈은 폐자동차의 안전벨트로 만들었다.

아들은 이렇게 말할 것이다.

"아빠, 이 가방이 뭐냐면 스위스 사람인 두 형제가

어디 가는데 비가 와서 서류봉투가 다 젖었어.

그때 방수포를 씌운 트럭이 지나간 거야.

그래서 방수포로 만들기 시작했어.

방수포 회사에서 싸게 공급해준다고 했는데

꼭 사용한 것만 써. 이 가방의 재료는

여러 곳을 여행한 거야. 멋지지!"

기성세대는 남들이 보기에 그럴싸한 것을 구매했다.

하지만 젊은 사람들의 취향은 다양하다.

디자인이 좋은 가방을 좋아하는 사람,

명품 브랜드가 박혀 있는 가방을 좋아하는 사람도 있다.

하지만 나만의 스토리가 중요하다, 나만 느끼면 된다,

뭔가 특별한 것, 스토리가 있는 상품을 좋아하는 사람도

얼마든지 많다. 지금은 남이 어떻게 생각하느냐보다

내가 중요하게 생각하는 가치를 표현하는 브랜드가

훨씬 더 주목을 받고 있다.

이들은 눈에 잘 보이지 않을 수 있다.

하지만 놀랍고 멋지게도 이들은 연결되어 있다.

과거에는 그 동네에 한 명쯤 있던 '이상한 사람'들이

서로 연결되어 있다. 외롭지 않다.

주위 사람들의 압박에 굴하지 않는다.

나와 비슷한 사람들이 있다는 것을 아니까.

과거에는 상품을 알리려면 아주아주 오래 하거나

마케팅 업체에 돈을 지불해야 했다.

지금은? 하지 말라고 해도 모두들

'이 스토리를 내가 경험했음'을 알리고 싶어 안달이 나 있다.

그러니 특별하면 된다. 기막힌 스토리가 있으면 된다.

특별한 스토리는 적당한 선이 아니라

'굳이 그렇게까지'의 수준으로 가야 한다.

성장기 때 부모가 무척 가난했던 배우가 있었다.

청소년이었던 그 역시 가난했다.

그 사정을 알게 된 선생님이 5만 원을 줬다. 밥 사 먹으라고.

그는 파마를 했다. 철부지라고 말하는 사람도 있겠다.

하지만 나는 정말 멋져 보였다.

스토리는 이렇게 만들어진다.

사람들이 소비하고 싶은 스토리는 이런 것들이다.

사람들이 열광하는 스토리는 '돈이 될 것 같아서'

'누가 인정해줘서' 이런 게 아니다.

아무도 알아주지 않을 때, 돈을 쓰기만 할 때도

'굳이 그렇게까지 했던 경험'에 열광한다.

그렇게 누적된 경험이

누구도 따라할 수 없는 아우라를 만들어낸다.

Don't find. Be found!

'빵을 만들까? 가방을 만들까?'

꼭 뭔가를 제작하지 않아도 된다.

'유튜브를 할까? 인스타그램을 할까? 페이스북을 할까?'

플랫폼은 천천히 고민해도 늦지 않다.

보통의 사람들은 경계 앞에서 멈춘다.

'완전히 미친' 사람들이 경계를 넘는다.

법적인 경계를 말하는 게 아니다.

'어느 정도까지'에서 '그렇게까지'로 넘어가는 경계다.

유튜버 '허팝'은 주저하지 않고 해보고 싶은 것,

호기심이 이는 실험을 해버린다.

한 중학생이 동아리 행사에 볼풀공을 지원해 달라는 말에

5톤 트럭 3대, 1톤 트럭 2대 분량, 총 23만 개로
교실 하나를 채워버린다.
수영장을 물풍선으로 채워버린다.
거대한 액체괴물을 만들어버린다.
이게 무슨 의미냐고? 그런 거 없다.
'그런 거 해보면 재미있겠다'는 거면 충분하다.
보통의 사람들은 상상만 하고 만다.
귀찮아서 안 한다.
돈이 아까워서 안 한다.
하지만 허팝은 그냥 해버린다.
'장난 같은 실험'을 그냥 해버린다.
'겉멋이 아닌 솔직한 모습으로 함께 인생을 즐겨봅시다.'
허팝 채널의 모토다.
'근엄한 거? 진지한 거? 실용적인 거? 의미?
재밌으면 됐지, 뭐가 더 필요해?'
인생에 대한 허팝의 해석이고 제안이다.

영화 유튜버, 굉장히 많다.
영화의 줄거리를 알려주는 채널도 많지만 팬덤이 있는
채널은 자기만의 해석으로 편집을 하는 곳이다.
'나는 이 영화를 이렇게 보는데, 어때?'
영화에 대한 해석이고 제안이다.

자기 세계를 보여주는 가치제안이다.

영화 평론가와는 다른, 다른 영화 유튜버와는 다른

나만의 영화 해석을 하려면 뭘 해야 할까?

영화 마니아가 아닌 나로서는 뭘 해야 할지 모른다.

뭘 하든 '그렇게까지' 해야 하고

그래야 자기 세계가 생긴다.

지금 해야 할 고민은 이것이다.

'나는 무엇을 그렇게까지 할 수 있을까?'

그리고 탐색이다.

'나는 무엇 무엇을 어디까지 해보았는가?'

토끼와 거북이의 달리기는 가장 멍청한 경쟁이다.

토끼는 토끼로, 거북이는 거북이로 멋지게 살면 된다.

진짜 내가 키우고 싶은 자아가 있다면 밀고 나가야 한다.

처음에는 어설프다. 서툴다.

하지만 기록하고 업로드하면 그것들이 모두 스토리다.

초창기 허팝의 실험들은 등짝 스매싱을

부르는 장난이었다.

당연히 초기에는 보는 사람도 많지 않았다.

하지만 계속했고 발견되었다.

유명하지 않을 때,

누군가 보고 있지 않을 때의 모습이 신뢰감을 준다.

'보는 사람도 몇 안 되는데,

저 짓을 3년째 해오고 있었구나. 멋지다.'

사람들의 마음속에 브랜드로 인식되는 순간이다.

플랫폼은 유튜브 하나만 해도 충분하다.

블로그 하나만 있어도 충분하다.

인스타그램만으로도 족하다.

우리는 충분히 연결되어 있다.

꾸준히 나의 것을 만들고 있으면

누군가 나를 발견할 때가 있다.

'Don't find. Be found!'

격의 시대

커피를 참 좋아하는 클라리넷 연주자가 있었다.

그는 연주여행을 떠날 때도 커피콩과 핸드드립 도구를

가지고 다녔다. 그만큼 커피 맛에 민감했다.

그는 '거의 아트의 경지에 오른' 민감함을 전달할

커피숍을 창업했다.

'한 잔의 커피도 정성스럽게 먹어야 한다.'

월세 600달러, 샌프란시스코의 한 식당 구석이었다.

주말에는 거리에서 커피를 팔았다.

한 잔, 한 잔 정성스럽게 파는 커피는

곧 지역의 명물이 되었다.

단골이 투자를 시작했다.

그리고 10여 년 만에 6600만 달러에 이르는 투자를 받았다.

제임스 프리먼의 블루보틀의 이야기다.

양의 시대가 있었다.

커피를 먹을 수만 있으면 되었다.

2차 세계대전 무렵이다.

이때 성공한 회사가 네슬레와 맥심이다.

그 당시는 커피의 질을 따질 형편이 아니었다.

어디서든, 간편하게 마실 수 있는 것만으로도 OK.

시간이 훌쩍 지나 커피 맛도 중요하지만

커피를 마시는 공간이 중요해졌다.

스타벅스가 대표적이다.

같은 값이면 좀 괜찮은 공간에서 마시자는 거였다.

지금 커피 프랜차이즈에서 '괜찮은 공간'을 느끼는 사람은

많지 않다. 너무 흔하다.

양의 시대는 열심히 알려야 했다.

질의 시대는 다른 제품보다 좀 더 나은 품질이면 됐다.

이제는 스토리의 시대다.

스토리가 만들어내는 격의 시대다.

품격은 경쟁이 아니다. 유니크함이다.

커피로 경쟁하는 게 아니라

각자의 스토리로 각자 존재한다.

블루보틀 한국 지점이 오픈했을 때 사람들은 줄을 섰다.

광고를 하지 않았는데도 그랬다.

미국에서 블루보틀을 경험한 사람이 그렇게 많았을까.

아니다. 인스타그램이 있었다.

미국 다음으로 한국인 팔로워가 많았다.

지금 젊은이들은 그곳에서만 발견할 수 있는 뭔가가 있는

커피숍을 찾아간다. 그런 곳이 스토리를 만들고,

스토리가 있어야 내가 그곳에 갈 이유가 되기 때문이다.

독특한 스토리가 있으면 발견된다.

사람들은 그런 스토리 알리기를 좋아한다.

내가 먹고살 것, 시장을 발견하는 게 아니다.

내 스토리를 만들면 발견된다.

그게 시장이 된다.

어떤 분야든 새로운 세계관을 입히면 독특한 장르가 된다.

그 장르를 만든 사람은 그 안에서 자유롭게 살 수 있다.

내 인생, 이대로 괜찮을까?

한 일간지 대표와 밥을 먹는 자리에서 한탄을 들었다.

'요즘 젊은 사람들'이 주제였다.

대표가 신입 직원을 환영하는 의미의

저녁 식사를 제안했다.

"안 됩니다."

"왜?"

"오늘 오기로 한 택배가 있는데,

빨리 받아서 뜯어보고 싶어서요."

그 대표의 충격은 아주 자연스럽게 '택배'를 말했다는 것.

집에 손님이 오거나 엄마가 아프거나

할아버지 제사 정도는 있어야 했다.

그런데 '언박싱(Unboxing)'이라니.

"요즘 젊은 사람들 참, 자기주장이 강해요."

새로운 세대는 늘 기성세대에게 충격을 준다.

100년 전에도, 1000년 전에도 '요즘 젊은 것들'은

버르장머리가 없었다. 그러니 별일 아니다.

'별일'은 이른바 밀레니얼세대라고 불리는 사람들의

슬픔이다. 이들은 학창 시절에 외환위기를 겪었다.

엄마, 아빠의 한숨과 싸움을 보았다.

무더기로 해고되는 사람들을 보았다.

취업을 할 무렵에 글로벌 금융위기를 겪었다.

"너희들만 힘들었냐? 우리는 더 힘들었다."

물론 외환위기와 글로벌 금융위기는

모두에게 영향을 미쳤다.

그 당시 태어나지도 않았던 사람들에게까지

영향을 미치고 있는 중이다.

같은 위기라도 각 세대가 받아들이는 영향은 다르다.

그걸 말하고자 하는 것이다.

밀레니얼세대는 답답하다.

경제는 저성장 시대에 갇혀버렸다.

경제규모가 커지니까 당연한 것이기도 하지만

당연하다고 힘들지 않은 건 아니다.

경제가 성장하지 않으니 주식으로 자산을 모으기도 어렵다.

부동산은 언감생심이다.

기성세대들은 '더욱 노력하라'고 하지만

'노오력'은 이들에게 그만한 보상을 해주지 않았다.

단군 이래 가장 공부를 많이 했는데,

부모 세대보다 가난한 첫 세대가 되었다.

작은 능력 차이, 어쩌면 사소한 운이 인생을 가른다.

몇 점 차이로 누구는 공무원이 되고

누구는 공시생에서 벗어나지 못한다.

사소한 스펙, 업무능력과 별 연관도 없는 스펙

한두 가지가 대기업 사원과 중소기업 사원이 되게 한다.

연봉의 차이는 신분 차이처럼 여겨지기도 한다.

'분수'에 맞춰 살기엔 본 게 너무 많고 보이는 게

너무 많다. 각종 미디어를 통해 온갖 화려하고 빛나는

것들을 많이 봤다. 남들이 돈을 어떻게 쓰는지도 보인다.

상대적 박탈감.

눈은 람보르기니인데, 가질 수 있는 것은 손수레 정도랄까.

겉으로는 웃고 있지만 속으로는 울고 있는 세대가 아닐까.

'내 삶, 이대로 괜찮을까?'라는 질문을

가장 많이 하는 세대가 아닐까.

이대로 괜찮은가라는 의문이 생긴다면

이미 괜찮지 않은 거다.

밀레니얼세대는 기성세대보다 자기 세계를 감지하는

능력이 뛰어나다. 훨씬 더 민감하다.

자기 목소리를 내는 데 주저함이 없다. 여기에 길이 있다.

언박싱에 대한 욕망 정도로는 안 된다.

강렬한 욕망이 필요하다.

욕망으로 구축한 세계의 목소리가 터져 나와야 한다.

뭔가를 찾아봐야 한다.

이미 50년 전에 달에 간 인류다.

시행착오의 용기만 있다면, 방법은 반드시 있다.

람보르기니를 욕망할 것 없다.

내게 딱 맞는 콘셉트카로 충분하다.

충분히 충만하다.

자신이 수족관에 갇힌 고래라는 것을 알기만 한다면.

자기 안에 있는 고래를 발견하기만 한다면.

소수 권력

'KOREAN VIBES'

내가 출연한 다큐멘터리 영화의 제목이다.

감독은 20대에 영국에서 만난 친구, 이한종이다.

출연자는 한국 문화를 미국에 소개하는 미국인,

K-pop의 비하인드 스토리를 미국에 소개하는 한국인 둘,

그리고 책도 내고 강의도 많이 하는 나.

인플루언서들을 통해 어떻게 평범한 사람들이

다른 사람들에게 영향을 주는 레벨의 삶까지

살 수 있는지를 인터뷰 형식으로 만든 다큐 영화다.

현재 '아마존 프라임'에 업로드되어 있다.

출연 제의를 받았을 때 궁금했다.

출연자 모두 전 세계적으로 봤을 때

알려지지 않은 사람이다.

한국에서 엄청 대단한 사람들도 아니다.

그런데도 아마존은 이 영화 제의를 수락했고

감독은 지금 이 프로젝트를 계속 발전시키고 있다.

'아마존은 왜 이 기획을 승인했을까?'

시대의 변화가 있다.

일반적인 영화는 기획을 하고 투자를 받고

극장에서 개봉하는 시스템이다.

방송 프로그램도 크게 다르지 않다.

피디가 기획을 하고 위에서 결재를 받으면

프로그램이 제작된다.

투자자, 기획자, 피디, 감독 등은 소수다.

극장에 걸리는 영화도 소수다.

여전히 이 시스템은 돌아간다.

그런데 다른 시스템이 생겼다.

OTT(over the top).

요즘 한창 사람들을 모으고 있는 넷플릭스,

왓챠 플레이, 디즈니 플러스, 아마존 프라임 등이 그것이다.

극장, 방송 등의 채널은 제한적인데 반해

OTT는 무제한이다. 업로드에 대한 기회비용은

극장이나 방송에 비하면 아주 낮다.

비용의 저하는 '소수'를 위한 기획이 가능해졌다는 뜻이다.
글로벌 플랫폼이니까 몇 만만 다운 받아도 수익이 난다.

BTS 덕분에 한국에 대한 관심이 높아졌다.
한국의 패션에 관심 있는 사람도 늘어났다.
우연히 호기심이 생긴 사람도 있을 수 있다.
전 세계에서 이 프로그램을 볼 만한 사람 몇 만 명만
된다고 판단되면 프로그램을 만들 수 있게 된 것이다.
예전에는 방송 채널이 몇 개 되지 않았다.
방송 시간을 놓치면 다시 못 본다.
재방송을 해주는 프로그램도 몇 개 안 되고
그것도 한 번뿐이다.
그러다 채널이 어마어마하게 많아졌다.
일정 비용을 지불하면 지나간 프로그램도 볼 수 있다.
이제는 플랫폼에 접속해 보고 싶은 프로그램을
보고 싶은 때에 본다. 일방적으로 소수가 결정해서
소수가 편집한 것을 볼 수 있던 것에서
평생을 봐도 다 못 볼 만큼의 콘텐츠가 다양하게 있다.
소수에게 집중되어 있던 편집권이 다수에게로 넘어가는
과정에 있다. 다수를 위한 프로그램만 가능한 세상에서
소수를 위한 프로그램도 제작될 수 있게 되는 과정에 있다.
나는 이 흐름을 예의주시하고 있다.

영상콘텐츠에 대한 주도권 이동이 어떤 변화를 만들어낼까.

하나는 확실하다.

이제는 다수가 아니라 소수에 집중해야 하는 시기다.

건당 이코노미

최근 경제 이슈 중 하나인 긱 이코노미(Gig Economy).
1920년대 미국에서 재즈의 인기가 높아지자
단기적인 공연팀들이 생겨난 데서 유래한 말로
프리랜서 근로 형태가 확산되는 현상을 말한다.
매일 출근하는 회사도 없고 자리도 없다.
그때그때 모여서 일하고 흩어지는 일자리다.
배달이 대표적이다.
배달 앱은 편하다.
전단지를 찾지 않아도 된다.
전화를 걸지 않아도 된다.
터치 몇 번이면 끝이다.
식당 주인도 좋다.

전화를 받지 않아도 되고 배달부를 고용하지 않아도 된다.

고용하면 장사가 잘 안 돼도 정해진 월급을 줘야 한다.

건수가 적어도 배달은 해야 하니 해고할 수도 없다.

이제는 건당 배달비만 지불하면 된다.

소비자도 편하고 식당 사장님도 좋다.

모두에게 좋기만 한 건 세상에 없다.

배달부는 고용되지 못한다.

내비게이션이 잘 되어 있어서 골목골목을 잘 아는

'숙련된 배달부'의 가치는 없어졌다.

누구나 시작할 수 있고 내일 그만둬도 된다.

일주일 내내 일할 수 있고 하루 이틀 쉴 수도 있다.

중요한 건 이들의 사회적 위치다.

임금을 받는 근로자가 아니다.

모두 자영업자로 분류된다.

따라서 4대 보험도 안 된다.

보호 받지 못하는, 노동자 아닌 노동자가 이들이다.

플랫폼은 다른 분야도 잠식하고 있다.

일본어를 배우고 싶다.

과거에는 학원에 가서 학원의 시간과 커리큘럼을

따라야 했다. 지금은 해당 플랫폼에 접속해 배우고 싶은

분야, 지역, 시간, 비용 등을 선택하면

그에 맞는 사람을 찾을 수 있다.

과거라면 학원이 고용했을 사람들이다.

과거에는 일본어 강사는 같은 일본어 강사끼리

경쟁을 했는데 지금은 아마추어와도 경쟁한다.

아마추어는 교수 방법은 모르지만 언어는 현지인 수준이다.

알바처럼 할 수도 있다. 당연히 강사에만 국한되지 않는다.

청소, 인테리어, 이사, 촬영 등 영역은 점점 넓어지고 있다.

"새롭게 등장한 자영업자들은 극도로 진입장벽이 낮은

시장에서 무한경쟁에 돌입하게 된다.

자본은 근대 민주주의 국가에서 제도화한 노동에 대한

보호책임으로부터 벗어날 기회를 잡은 것이다."

〈디지털기술 발전에 따라 새로운 일자리 유형과

정책적 대응〉, 한국노동연구원

플랫폼은 자본, 노동, 토지라는 생산요소를

정보서비스와 자영업자의 관계로 바꾸어버렸다.

새로운 기술은 또 다른 분야의 피고용인을

자영업자로 만들 것이다.

건당 수수료를 받는 자영업자다.

"노동은 언제든 공급받을 수 있는 것이 됐고
자본은 주문 건당 혹은 노동 시간만큼만 지불하면
그것으로 계약은 종료되는 것이다.
고용산재건강보험 심지어 연금까지 책임져야 했던 자본은
마침내 그 책임으로부터 스스로를 분리할 수 있게 됐다.
노동자는 자본가가 해왔던 역할을 떠맡게 된 것이다."

"시장의 거래로부터 발생하는 이윤은 가져가지만
위험과 비용으로부터 자유로운, 근대 민주주의 노동에
대한 정치적 규율에 책임지지도, 응답하지도 않는
자본의 유토피아가 플랫폼경제의 본질일 수 있는 것이다."

〈디지털기술 발전에 따라 새로운 일자리 유형과
정책적 대응〉, 한국노동연구원

이제 중간 단계 없이 내가 원하는 서비스와 상품을 구할
수 있게 되었고, 나의 노동력도 어디에 고용되지 않더라도
충분히 시장에서 상품화될 수 있는 시대가 되었다.
우리가 과거에 공부를 열심히 한 이유는
나의 브랜드를 키움이 아니라
어딘가에 고용되기 위함이었다.
지금은 완전히 다른 시대다.
무엇을 위해 나의 에너지를 쏟을 것인가?

만원버스의 벨

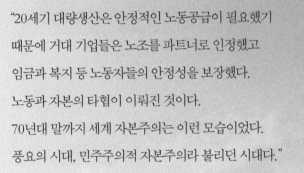

"20세기 대량생산은 안정적인 노동공급이 필요했기
때문에 거대 기업들은 노조를 파트너로 인정했고
임금과 복지 등 노동자들의 안정성을 보장했다.
노동과 자본의 타협이 이뤄진 것이다.
70년대 말까지 세계 자본주의는 이런 모습이었다.
풍요의 시대, 민주주의적 자본주의라 불리던 시대다."

-《회사인간, 회사를 떠나다》, 김종률

이런 시대에서 젊음을 보낸 사람들은

회사와 자신을 거의 동일시했다.

"야! 회사하고 같이 성장하는 거지."

그때는 맞는 말이기도 했다.

비정규직이라는 말이 없었다.

아르바이트는 대학생들이 하는 거였다.

직장인이라고 하면 절대다수가 정규직이었다.

회사가 대출을 해주고 사원주택을 마련해주고

휴가 때면 리조트를 빌려주었다.

상을 당하면 직장 사람들이 와서 도와주었다.

운명공동체라고 해도 그리 틀린 말은 아니었다.

현재는?

지금 경험하고 있는 바와 같다.

미래는?

지금보다 더 심해질 것이다.

결정타가 바로 IT플랫폼의 등장이다.

IT발전은 타협의 시대를 질적으로 바꾼다.

플랫폼경제는 기계나 건물 등 대규모 자본투자뿐 아니라

이에 필요한 거대 노동력 관리까지

줄일 수 있도록 해줬기 때문이다.

호텔사업을 하기 위해

군이 호텔을 짓고 직원을 고용할 필요가 없고
택시사업을 하기 위해
군이 택시를 사고 기사를 고용할 필요가 없어진 것이다.

'어쨌거나 정규직으로 취업을 해야 한다'는 말은
무책임하다. 취업하려는 사람의 수에 비해
정규직의 수가 절대적으로 부족하다.
그 정규직조차 인생의 절반밖에 책임지지 못한다.
이건 정치의 문제고 시스템의 문제다.
깊이 들어가면 복잡하다. 그러나 현상은 분명하다.
기업들은 치밀하고 조직적이며 장기적으로 일자리를
줄이는 방향으로 가고 있다.
시대의 흐름이다. 누구를 욕하기도 애매하다.
욕을 해도 흐름은 흐름대로 간다.
결국, 조금 더 잘하는 것으로는 경쟁력이 없다.
조금 더 저렴한 것은 그보다 더 저렴한 것과의 경쟁이다.
비슷하게 잘하더라도, 가격이 비슷하더라도 달라야 한다.
자기만의 유니크한 가치를 키워놓으면 경쟁하지
않아도 된다. 그 세계에서 주도권을 가질 수 있다.
독특한 방법으로 일본어를 가르칠 수 있다면,
독특한 인테리어를 할 수 있다면 다르다.
핵심은 다름이고 독특함이다. 그걸 찾아야 한다.

대중적인 길로 열심히 노력해도 만원버스일 뿐이다.

당장은 만원버스에서 내릴 수 없다.

그러나 벨을 누를 준비를 해야 한다.

준비하지 못한 사람들은 만원버스를 타고 종점까지 간다.

그러고 싶지 않다면, 어떻게든 방법을 찾아내야만 한다.

어떻게든 나만의 독특한 세계를 만들어내야만 한다.

유대감은 유료

전설의 드라마 〈전원일기〉.

농촌의 대가족을 중심으로 그 마을 사람들에게 일어나는

다양한 이야기들을 소재로 했다.

1980년부터 무려 22년 동안 방송되었다.

비슷한 농촌 드라마로 〈대추나무 사랑 걸렸네〉가 있었다.

〈한지붕 세가족〉의 배경은 서울이다.

주제는 역시 가족과 이웃이다.

셋 다 인기가 많았다. 나도 봤다.

요즘은 이런 가족 드라마가 없다. 공감하기 어렵다.

오히려 혼자 사는 사람을 보여주는 방송이 많다.

어쩔 수 없어서든,

혼자 사는 게 좋아서든 1인 가구는 증가하고 있다.

정부 통계자료에 의하면 현재 1인가구는

2021년 기준 39.5%에 달한다.

혼자 사는 사람들이 혼자 사는 연예인을 보고 공감한다.

가족 드라마의 한 등장인물에 감정이입하면 답답하다.

젊은 사람일수록 답답함은 더하다.

서로서로 간섭이 너무 심하다.

익명성이 주는 편안함이 없다.

'날 좀 내버려 둬요!'

그러나 인간은 합리적인 동물이 아니다.

간섭은 싫고 관심은 좋다.

사생활의 선을 넘어오는 건 싫고

끈끈한 유대감은 필요하다.

과거에는 직장이 일정 부분 그 역할을 했다.

하루 종일 같이 일하고 저녁에는 회식을 했다.

상사의 영웅담을 안주 삼아 술을 마셨다.

산업시대, 남자의 콘텐츠는 회사에서 만들어졌다.

지금은 회사는 회사고 나는 나다.

노동력을 제공했으니 월급을 받는 거다.

회사 사람들과 사적으로 깊게 얽히고 싶지 않다.

스마트폰을 통해 끊임없이 어딘가로 연결하려고 하지만

그것으로는 채워지지 않는 갈증이 있다.

말이 통하는 사람, 내 취향에 대해

군이 설명하지 않아도 되는 사람들과 만나고 싶다.

거기서 유대감에 대한 욕구를 채우려는 것이다.

트레바리라는 독서 모임은 '이상하다.'

한 달에 한 번, 4개월 동안 모이는데

29만 원을 내야 한다.

딱 네 번에 29만 원이다.

돈을 냈더라도 독후감을 쓰지 않으면

모임에 참가할 수 없다.

그래도 사람들이 몰려든다. 비슷한 플랫폼이 꽤 있다.

부모와 같이 살고 이웃들과 다 알고 직장 사람들과

평생 가는 세상은 다시 돌아오지 않는다.

취향 공동체를 찾아내야 한다.

거기서 '질 높은' 유대감을 찾을 수 있다.

회사 일 외에는, 학교 이야기밖에 할 게 없는

사람들과의 유대감은 질이 낮다.

그냥 어쩌다가 같은 시공간에 오래 있었던 사람들일

뿐이다. 과거에는 비슷한 취향의 사람들을 발견하는 게

어려웠다. 지금은 검색 몇 번이면 된다.

그러면서 좀 더 독특하고 세밀한 취향을 발전시킨다면

내가 유대감의 플랫폼이 될 수 있다.

어떤 플랫폼이든 사람이 모이면, 돈도 모인다.

뜻밖에, 코로나 사태가 만날 사람에 대한 선택권을 주고 있다.

언택트 시대가 진짜 콘택트를 드러나게 해주는 것이다.

'사회적 거리두기'가 강조되었던 기간을 떠올려보자.

만났던 사람은 누구이며 만나지 않았던 사람은 누구인가.

만나지 '못해서' 편안했던 사람은 누구이며

만나지 못해서 아쉬웠던 사람은 누구인가.

코로나 핑계를 대고 싶었던 약속은 무엇이며,

코로나에도 불구하고 만나고 싶었던 사람은 누구인가.

콘택트를 해도 언택트인 관계도 있다.

만나지 않아도 괴롭지 않다면

그 사람을 굳이 만날 필요가 있을까.

언택트 시대에도 굳이 만나고 싶은 사람이 있다.

없다면 만들어야 한다.

만나지 못하면 몹시 힘든 관계를 만들어야 한다.

연인만이 아니다.

취향으로 통하는 관계가 필요하다.

가치 공동체가 필요하다.

습관적으로 만나던 자리에,

상대가 서운해할까봐 의무적으로 만나던 자리에 굳이,

간절하게 만나고 싶은 사람을 데려다놓아야 한다.

비대면이 아니라 선택적 대면의 시대다.

취향으로 통한다

인스타그램을 둘러보던 중 한 사업가가

스티브 잡스의 이야기를 올려둔 것을 발견했다.

댓글을 달았다.

"나는 지금 라마야나와 마하바라타를

공부하고 있는데 정말 재밌다."

그가 인도 사람이어서 한 이야기다.

라마야나는 BC 300년 이후에 쓴 것으로 추정되는

인도 시인 발미키의 서사시다.

'라마의 사랑 이야기'라고도 하는데 무려 일곱 권이다.

마하바라타 역시 방대한 서사시다.

판데스 평원에서 펼쳐지는 두 가문의 전투 이야기가

방대한 세계관을 배경으로 펼쳐진다.

"나의 오랜 꿈은 마하바라타를 영화화하는 것이다."

제임스 카메론 감독의 말이다.

영화의 소스가 될 이야기들이 정말 많다.

〈아바타〉에서도 일정 부분 마하바라타를 가져온 것 같다.

나비족은 크리슈나라는 신을 닮았다.

지금 2편에서 4편까지를 같이 작업하고 있는데

물 속 전투신을 구현할 기술이 부족해

기다리고 있는 중이라고 한다.

거기서는 더 많은 마하바라타의 이야기가 나올 것 같다.

자기 나라의 고전을 읽고 있다는 내 댓글에

그는 답을 달았다.

"인도의 고전을 네가 어떻게 알아?"

그 다음이 대박이다.

"나는 지금 Nine cloud dream을 읽고 있어."

우리는 만났고 오랫동안 즐겁게

〈구운몽〉에 대한 이야기를 나눴다.

어쩌면 '엉뚱한' 주제로 우리는 친해졌다.

'꼰대'들은 처음 사람을 만나면 학연이든 지연이든 군대든,

어떻게든 공통점을 찾고 서열을 정리하려고 한다.

그래서 사람을 잘 사귀지 못한다.

학교가 그 사람을 설명할 수 있을까?

고향이 그 사람을 설명할 수 있을까?

징집되어 간 군대가 그 사람을 설명할 수 있을까?

없다.

학교, 고향, 군대로 그 사람을 판단하려는 건

아주 멍청한 짓이다.

먹고사는 일에 대한 전문지식이나

직장에서의 성과를 이야기해도 큰 감흥이 없다.

'예예, 대단하시네요' 정도로 끝이다.

근데 취향이면 다르다.

업무로 만난 사람과 카페에 앉아 있다.

일이 끝나면 보지 않을 가능성이 높다.

그런데 창밖으로 고양이가 지나간다.

시선을 빼앗긴다.

"고양이 좋아하세요?"

"네."

그러면 끝이다.

서로 고양이 자랑하다가 길고양이 이야기하다가

친해질 수 있다. 고양이를 키우는 사람은 꽤 많다.

그런데 이끼라면 어떨까?

평소에 만나기 어려웠던 '동지'를 만난 느낌이다.

좋아하는 것, 취향은 나의 정체성과 맞닿아 있다.

정체성과 정체성이 만나니까 쉽게 친해진다.

실질세계의 타이틀은 별로 매력적이지 않다.

김 과장, 이 과장, 송 부장이 무슨 매력일까.

굳이 하지 않아도 되는 것, 그게 없어도 먹고사는 데

아무 지장이 없는 걸 하는 사람이 매력적이다.

나는 그런 사람에게 매력을 느낀다.

달리 말하면, 자기 세계가 있는 사람에게 매력을 느낀다.

자기가 좋아하는 세계를 훨씬 더 깊고 풍성하게 구축하고

있는 사람에게 열광한다.

"저는 2년 됐는데, 이끼 키운 지 얼마나 되셨어요?"

"15년 됐어요. 거짓말 좀 보태면, 이끼 키운다고 들어간

돈이 고급 외제차 한 대는 될 걸요."

이 정도 되면 본인 스스로 행복하다.

같은 취향의 다른 사람도 기쁘게 할 수 있다.

더 필요한 건 없다.

덕업일치

정년까지 일한다. 모아둔 돈도 좀 있다.

"부럽다. 행복한 노후를 보내겠군."

그럴 리가. 40년은 정말 긴 시간이다.

노후준비는 돈만으로 되지 않는다.

즐겁게 할 뭔가가 있어야만 한다.

돈을 더 벌지 않아도 된다면

취향에 몰입할 충분한 시간이 있다.

그래도 돈을 좀 벌어야 한다면?

지금까지 발전시켜온 나의 취향으로 승부를 볼 수 있다.

그게 없다면, 남들이 하는 편의점,

남들이 하는 자영업을 할 수밖에 없다.

자영업이 힘들다는 건 알지만 할 게 그것밖에 없다.

그리고 그 자영업을 언제까지 할 수 있을지도 모른다.

서른 살 때부터 풍뎅이를 키웠다.

애벌레가 성충이 되고 성충이 알을 낳고

그 알이 애벌레가 되는 과정이 정말 신비롭고 재미있다.

그렇게 30년 동안 풍뎅이를 키우면서 했던 일들,

감상들을 유튜브나 블로그에 올린다. 이게 쌓인다.

'제가 30년 동안 이런저런 풍뎅이 집을 사기도 하고

만들기도 했어요. 10년 전부터는 제가 직접 만든

풍뎅이 집을 사용하는데 아주 만족하고 있습니다.

이번에 업체와 협업해서 한정수량으로 제작했습니다.'

풍뎅이 좋아하는 사람들은 믿고 구매한다.

검색해보면 30년 세월이 나온다. 이건 경쟁이 안 된다.

독보적이다. 30년 세월이 만든 디테일을 따라갈 수 없다.

좋아하지 않으면 10년, 20년을 할 수 없다.

'고양이를 20년 동안 키운 제가 보증합니다.

이 장난감을 조공하십시오.

사랑받는 집사가 될 수 있습니다.'

20년 동안 팬을 만들어왔다면, 그들은 그냥 사준다.

주위에 소문도 낸다.

'내가 그 사람을 알아. 내가 봤어. 믿을 수 있는 사람이야.'

유명인이 나와서 광고하는 상품을 믿고 구매하던 시절이

있었다. 여전히 유명인이 나오는 광고는 많다.

하지만 상품을 알리고 익숙해지게 하는 효과는 있지만
신뢰감을 주지는 못한다.

사람들은 계약을 맺지 않은 '순수한' 상품 정보를 원했다.

그중 하나가 블로그였다.

한때 블로그는 중요한 정보원이었지만 해당업체에서
돈을 받고 글을 올리는 곳이 많다는 게 알려지면서
신뢰를 잃었다.

하지만 본인이 정말 오랫동안 그 일을 좋아하고,
그 분야에 대해 적극적으로 투자했던 사람들의 이야기에는
관심과 신뢰를 보인다. 진정성이 보이기 때문이다.

'이 사람은 진짜!'

혼자 좋아하면 그것으로 그친다.

본인의 콘텐츠를 기록하고 꾸준히 여러 플랫폼에
업로드하는 노력이 필요하다. 그래야 발견된다.

그냥 나만의 스토리는 나만 간직하고 싶다고 한다면
할 말은 없다. 하지만 비즈니스의 가능성을 살리고
싶다면 그동안 하지 않았던 노력이 필요하다.

과거에는 기업이 생산과 유통을 독점했다.

지금은 개인이 아이템을 낼 수 있다.

팬덤이 형성되어 있다면 기업에서 먼저 협업을 요청한다.

단기간에 만들어지지 않는다. 그래서 좋아하면,
뾰족한 나의 취향이 있으면 독보적인 장르를 만들 수 있다.

삶과 돈벌이가 구별이 되지 않는 인생을 살 수 있다.

돈이 크게 안 되더라도 충분히 기쁜 삶이다.

일과 놀이가 구별이 안 되는 상태,

내가 생각하는 진짜 행복한 삶이다.

〈나, 건축가 안도 다다오〉

-안도 다다오

　건축 관련해서는 어떤 지식도 없었고, 그다지 큰 관심도 없었던 거 같다. 근데 유현준 교수의 《어디서 살 것인가》라는 책을 보고, 사람들이 거주하는 공간, 그곳에서 바라보는 시선이 우리 삶에 엄청난 영향을 미친다는 것을 알게 되었고, 우연히 〈이타미 준의 바다〉라는 건축가 이타미 준의 생애를 다룬 영화를 보고 하나의 건축물은 단순히 설계도에 기반한 건축 부자재의 조합이 아니라 현 시대의 과학기술, 재료공학, 시대정신 또 그 건축가의 철학이 들어 있다는 것을 알게 되었다.

　여러 건축가 중에서 내가 제일 먼저 관심을 가진 사람은 '안도 다다오'. 한국에서도 이미 '노출 콘크리트' 공법으로 많이 알려진 유명한 건축가이기도 하고 일본에 가면 내가 좋아하는 지역에 안도 다다오가 지은 '오모테산도힐즈'가 있어 상대적으로 친근한 건축가였다. 하지만 난 이분이 원래 건축과는 전혀 상관없는 복서 출신에 대학교도 나오지 않았다는 사실은 몰랐다.

독학으로 공부했음에도 불구하고 이분은 건축계의 노벨상이라고 할 수 있는 '프리츠커상'을 수상하고 전 세계 수많은 건축학도들에게 많은 영감을 주는 분이다. 어떻게 그럴 수 있을까? 배경도 약하고 그 분야에 비전공으로 시작한 사람이 어떻게 세계적인 거장이 될 수 있었을까? 이 책의 선택은 그런 나의 질문에서 시작되었다.

책을 보면서 나는 건축가 안도 다다오보다는 인간 안도 다다오의 매력에 푹 빠졌던 거 같다. 책과 여행을 통해서 본인의 관심사를 꾸준히 키워나가고 시스템 밖에 있어 학습에 소홀할 수 있어 굳건한 의지를 가지고 본인에게 엄청난 과제를 할당했다. 이 모든 것이 가능했던 이유는 그 자신이 건축으로 성공하고 싶다는 마음보다는 본인만의 세계관을 건축으로 표현하고 싶다는 강한 열망이 있었기 때문이다.

건축물을 지을 때는 건축주와 관계 공공기관과의 의견대립이 많은데 그럴 때마다 안도 다다오는 타협 없이 자신의 생각을 밀고 나갔다. 아마 매번 그런 마찰이 있을 때마다 그냥 쉽게 절충했다면 지금의 안도 다다오는 없을 것이다.

"사람들의 인생을 풍성하게 하는 문화를 창조하고 키워가는 것은 어느 시대나 개인의 강력하고 격렬한 열정이다. 그들의 열정에 부응할 수 있는 '생명'이 깃든 건물을 나는 짓고 싶다."

-안도 다다오

내가 부응할 수 있는 분야는 과연 어디일까?

《축적의 길》
-이정동

하고 싶은 일이 없는 사람도 있지만 본인이 진짜 하고 싶은 일을 발견하고도 어려움을 겪는 경우가 많다. '과연 내가 잘할 수 있을까?' '내가 원하는 결과가 나오지 않으면 어떡하지?' 하는 고민들을 하다 보면 초기에 가졌던 원대한 꿈이나 포부는 어느 순간 사라지게 된다.

내가 사업을 하면서 또는 새로운 일을 시작하면서 가장 도움이 많이 되었던 책 중에 하나가 바로 이《축적의 길》이다. 저자는 서울대 산업공학과 이정동 교수, 저자는 한국이 왜 선진국으로 진입하지 못하고 저성장시대에 직면했는지 그 이유부터 설명한다.

바로 '개념설계역량'의 부족! 세상에 존재하는 모든 제품이나 서비스는 누군가가 개념설계를 하고 누군가는 실행을 하는 방식으로 이루어진다. 여기서 '개념설계'라는 것은 존재하지 않았던 그 무언가를 그려낸다는 것으로 새로운 '장르'를 만들어내는 것을 말한다. 즉 선진국들은 '개념설계'를 통해 새로운 비즈니스 모델이나 제품을 만들어내고(에어비앤비나 우버 같은 서비스 또는 구글과 같은 검색엔진, 유튜브나 넷플릭스 같은 플랫폼) 그 시장에서 독점적 우위를 발휘해서 어마어마한 생산성을 만들어낸다는 것이다.

반면에 중진국들은 그런 것들을 자체적으로 만들어내지 못하고 카피하는 수준에 머물기 때문에 경쟁이 심해지고 결국 낮은 생산성을 가지게 된다는 것이다. 개인들의 비즈니스에서도 누가 이런 '개념설계역량'을 통해서 지속적으로 경쟁적 우위를 갖느냐가 중요하다.

여기서 내가 흥미로웠던 부분은 어떻게 하면 이런 '개념설계역량'을 가질 수 있느냐 하는 문제였다. 그것은 타고난 능력의 문제가 아니라 누가 지속적으로 '시행착오'를 겪어 나가면서 그 경험치를 축적해 나가느냐 하는 것이었다. 여기서 머리를 한 대 맞는 느낌이었다.

우리나라 젊은 사람들은 머리가 좋아서 많은 아이디어를 제시하곤 한다. 벤처사업 아이디어 경진대회 같은 곳에서도 정말 기발한 사업기획안들이 소개된다. 하지만 왜 그런 아이디어들은 사업화되어서 세상을 바꾸는 수준까지 도달하지 못할까? 그것은 바로 '스케일업' 능력의 부족, 즉 의미 있는 결과가 나올 때까지 버티고 그것을 데이터화하는 작업이 잘 안 되기 때문이었다.

우리는 너무 근시안적으로 접근하고 초기에 잘 안 될 거 같으면 일찍 포기하는 경향이 있는데 기업이든 개인이든 어떤 분야에 탁월한 결과를 낸 사람들은 철저한 '존버정신'으로 계속 해나가는 데 그 성공의 비결이 있다는 것을 알게 되었다.

난 이 책을 읽고 결국 기업이나 개인이나 어떤 좋은 기회가 있다면 그것을 실행하는 과정 속에 겪는 경험들을 축적시킬 수 있는 힘만 있다면 누구나 탁월해질 수 있다는 사실을 깨닫게 되었다. 뭔가 새롭게 도전하거나 본인의 현재 능력에 의문인 사람들에게 꼭 추천하고 싶은 책이다.

4장

자유로워지는
순간

반전의 매력

우물을 파도 한 우물을 파라는 옛말이 있다.

그럴 수 있다. 나쁜 게 아니다.

그렇게 한 분야에서 완전히 탁월해지는 방법도 있다.

탁월함 자체가 특별함이다.

하지만 꼭 최고가 되지 않더라도

서로 다른 것들을 합침으로써 희소성을 가질 수 있다.

특별해질 수 있다. 어려운 게 아니다.

본인의 분야와 몇 개의 취미 또는 취향을 콜라보하면

자기만의 브랜드를 만들 수 있다.

특별해져서 경쟁력이 있고 어쩌고 하는 건

부차적인 문제다. 인생의 재미, 삶의 즐거움이 먼저다.

아침부터 저녁까지 열심히 일한다.

엑셀도 잘하고 보고서도 잘 만든다.

별 매력이 없다. 그냥 열심히 노력하는 삶이다.

"나의 정체성은 직장인입니다."

별로 멋지지 않다.

"저는 마술사입니다. 돈은 직장에서 벌죠."

이런 게 멋지다.

그냥 변호사는 그렇게 멋있어 보이지 않는다.

변론을 잘하고 그래서 찾는 사람이 많고

돈을 많이 번다고 멋지지 않다.

"변호는 당연히 잘해야죠.

저는 피아노로 소송에 지친 사람들의 마음을 위로합니다."

"저는 1년에 한 명 이상은 억울한데 돈이 없는 사람을

위해 무료 변론을 하고 있습니다."

얼마 전 SNS에서 어떤 변호사가 연재하는

웹툰을 본 적 있다. 최유나 변호사.

본인을 '이혼전문변호사'라고 소개하면서

본인이 상담했던 사례들을 웹툰 작가와 콜라보해서

책도 내고 SNS를 통해 꾸준히 업로드하고 있다.

사람들이 쉽게 이야기하지 못했던 내용들을

본인의 상담 경험을 통해 독특한 웹툰 방식으로

연재하면서 새로운 장르를 만든 것이다.

이혼을 상담해주는 변호사는 많지만

자신만의 팬덤을 가진 변호사는 많지 않다.

어떤 방식이든 상관없다. 스스로 생각했을 때

내 삶은 매력적인가가 중요하다.

반전의 매력은 가능한 여러 방법들 중 하나다.

지금까지의 삶을 돌아봤을 때 매력적인 삶을 살았는가.

현재의 모습대로 살 때 매력적인 삶이 가능한가.

나는 나의 삶에 반할 수 있는가.

모나리자는 어떻게 유명해졌나?

루브르박물관의 일반 전시실에서 그림 한 점이 없어졌다.

경비원은 그림이 없어진 줄을 알았다.

하지만 신고하지 않았다. 가끔 사진사들이 그림을 가져가서

찍곤 하는데 그런 거라고 생각했다.

이틀이 지났다. 그림이 돌아오지 않았다.

그러고서야 도둑맞았다는 것을 알게 됐다.

'루브르가 뚫렸다.'

난리가 났지만 그림의 행방은 오리무중.

몇 년 후에야 범인이 잡혔다. 이탈리아 사람의 소행이었다.

"화가는 이탈리아 사람이다.

그러므로 이 그림은 이탈리아의 것이다."

그림 도둑은 이탈리아의 영웅이 되었다.

그림은 화가가 프랑스에 휴가 가서 그린 그림이었다.

프랑스도 그게 떳떳하지 않았던지 조용히 처리했다.

이 스토리가 사람들의 흥미를 불러일으켰다.

눈썹도 없는 여인의 초상화가

루브르에서 가장 유명한 작품이 되는 과정이다.

레오나르도 다빈치의 모나리자.

루브르박물관에는 수십만 점의 작품이 있다.

어떤 작품은 유명하고 어떤 작품은 유명세가 없다.

단연코 유명한 작품, 누구나 알고 있는 작품,

78억 지구인 중 아는 사람이 더 많은 작품이 모나리자다.

가이드에 따라 보여주는 작품이 다르지만,

모나리자는 꼭 본다. 높이 77cm, 폭 53cm의

이 그림 앞에서 사람들은 사진을 찍는다.

전문가들은 모나리자의 작품성에 대해

하루 종일 이야기할 수도 있다.

하지만 하루 종일 작품성만으로 이야기할 수 있는

작품은 많다. 그리고 '루브르에 가면 반드시

모나리자를 봐야 한다'는 사람들은 전문가가 아니다.

스토리다. 우연히 발생한 이야기가 모나리자를

세계에서 가장 유명한 그림으로 만들었다.

스토리는 인류가 개발한 최상의 기억장치다.

기억과 전달을 위한 가장 강력한 도구다.

반드시 알아야 하는 것들을 스토리에 담아 전달해왔다.

스토리로 각인된다.

나에게는 어떤 스토리가 있을까?

뒤처지지 않기 위해 안간힘을 쓰면서 사는 것도 스토리다.

아끼고 아껴 자기 소유의 아파트를 갖게 된 것도 스토리다.

직장에서 정년까지 일한 것도 스토리다.

다만 그다지 매력적인 스토리는 아니다.

좀, 많이, 흔하다.

나는 어떤 스토리를 만들고 있는 중인가?

요즘 초등학생들은 컴퓨터 코딩을 배운다.

코딩이 필수 능력인 것처럼 되어 있다.

아예 모르는 것보다야 낫겠지만

지금은 자동으로 코딩을 해주는 프로그램들이 많이 있다.

우리가 지금부터 공부를 해서

그것보다 잘 만들 수 있을까?

말하자면 코딩은 기술교육이다.

좀 심하게 말하면 기능훈련을 받는 것이다.

지금은 뭔가 주어진 과제를 수행하기보다는

본인이 기획하는 일이 더욱 경쟁력 있다.

영상편집 기술보다 어떤 콘셉트와 어떤 느낌의 영상을

생각해낼 수 있을까가 훨씬 더 중요하다.

어떻게 멋진 것을 기획할 수 있을까?

그 분야에 대한 자기만의 해석이 있어야 한다.

어떻게 멋진 스토리를 가질 수 있을까?

유니크한 경험을 해야 한다.

그리고 그것을 엮어내는 '혼이 담긴 구라'가 있어야 한다.

주인공이 될 각오

봉준호 감독의 영화 〈기생충〉은 아카데미에서 4관왕을
차지했다. 우리 영화가 아카데미에서 상을 받은 것도,
우리나라 영화감독이 무대에서 한국어로 수상 소감을
발표한 것도 낯설고 신기했다.
감히 봉 감독의 영화에 대해 이러쿵저러쿵할 처지는
안 된다. 다만 몇 가지 상상을 해본다.
최우식이 친구의 제안을 수락하지 않았다면 어땠을까?
과외를 하더라도 동생을 끌어들이지 않았다면,
아빠와 엄마를 끌어들이지 않았다면 어땠을까?
가정부가 지하에 두고 온 남편을 데리고
조용히 나갔다면 어땠을까?
영화의 스토리가 만들어지지 않았겠지.

〈아이언맨〉의 토니 스타크가 테러범들에게 납치되지
않았다면, 돌아와서 그냥 무기사업을 열심히 해서
돈을 많이 버는 쪽을 선택했다면 〈어벤져스: 엔드 게임〉의
장렬한 장면은 만들어지지 않았다.
로널드 토비아스는 〈인간의 마음을 사로잡는 스무 가지
플롯〉에서 모든 위대한 이야기에는 원형이 있다고 했다.
많은 사람의 마음을 사로잡은 스토리의
공통점을 찾아봤더니 20가지나 되는 이야기의 주제가
있더라는 것이다.
추구, 모험, 추적, 구출, 탈출, 복수, 수수께끼, 라이벌,
희생자, 유혹, 변신, 변모, 성숙, 사랑, 금지된 사랑,
희생, 발견, 지독한 행위, 상승과 몰락이다.

내 인생에는 어떤 원형들이 있을까.
21세 때 6개월 동안 20킬로그램을 뺐다.
이후 내 삶에 대한 기대감이 높아졌다.
그 기대감을 충족시키기 위한 경험들을 했다.
고시공부를 했고, 미국변호사가 되기 위한 준비도 했고,
부자아빠라는 영웅을 만났고, 대기업에서 탈출했고,
사업을 시작했고, 만난 지 43일 만에 결혼했고,
경제적으로 쪼들리는 시기를 힘겹고 즐겁게 지나왔다.
나를 설레게 하고 기쁘게 하는 콘텐츠를

선택하면서 살고 있다.

사는 게 지루하다는 사람이 있다.

사는 게 빤하다는 사람이 있다.

투덜투덜 불만을 늘어놓는다.

직장도 불만, 친구도 불만, 이웃도 불만, 사는 동네도 불만.

전형적인 엑스트라의 삶이다.

지루하다면, 사는 게 재미없다면

위대한 이야기에 있는 원형이 없기 때문이다.

모험도 없고, 신비도 없고, 사랑도 없다.

그러니까 재미가 없다.

흥미진진한 삶이 되려면

일단 주인공이 될 각오를 해야 한다.

마음을 사로잡는 이야기의 주인공은

안락한 삶을 지향하지 않는다.

그런 건 엑스트라의 선택이다.

실제 삶에서 원형들이 무엇일까를 찾고 경험해야 한다.

그래야 스토리가 생긴다.

주도적으로 경험해야 플롯이 완성된다.

외부에서 오는 고난에 이러저리 치이는 경험 말고,

찾아가서 부딪히는 경험이어야 한다.

"10년 후, 당신을 주인공으로 영화를 만들 거야."

어떤 경험을 선택하면 멋진 영화가 될까.

극장에 걸리지 않아도 된다.

넷플릭스에 업로드되지 않아도 된다.

나를 주인공으로 하는 영화를 볼 때,

스스로 감동할 수 있을까. 멋지다고 말할 수 있을까.

인생을 진짜로 바꾸는 것은 결심이 아니다.

하지 않던 경험이다. 경험이 인생이다.

봉준호 감독은 시상식에서 마틴 스콜세지에게

경의를 표하며 자신이 잊지 않고 있었던 말을 소개했다.

"가장 개인적인 것이 가장 창의적인 것이다."

거대한 이야기가 아니다.

나의 삶, 내가 선택한 경험, 나의 세계를 밀고 나간 경험이

가장 개인적이며, 가장 창의적이며,

가장 유니크한 스토리다.

나는 그런 삶을 살려고 한다.

두려움보다 기대

사람들은 성공 스토리를 좋아한다.

경제적 어려움, 가까운 사람과의 갈등, 좌절과 절망

그 모든 것을 이겨내고 모두가 인정하는 성취를 이뤄낸

사람의 이야기는 감동을 주기에 충분하다.

하지만 사람은 언제나 과거의 기억을 재구성한다.

그래서 같은 자리에 있었던 사람들의 말이 다르다.

같은 사건인데 1년 전에 말했던 것과 오늘 말하는 것이

다르다. 지나간 일들은 오늘을 기준으로 재해석된다.

그리고 그 단계를 이미 지나온 사람에게 '힘들었던 일'은

더 이상 힘든 일이 아니다. 성장했기 때문이다.

"사업하면서 뭐가 제일 힘들었어요?"

나도 자주 받는 질문이다.

사실 질문하는 사람의 90%가 힘들었던 점을 물어본다.

힘든 거 있었다. 경제적으로 매우 궁핍했다.

꽤 오랫동안 사업이 원활하게 풀리지 않았다.

아내와 싸운 적도 있다. 아이들에게 미안한 것도 많다.

시시콜콜, 극심한 고통과 그것을 이겨낸 감동적인

스토리를 들려줄 수도 있다.

그러나 자세히 대답하지 않는다.

그 전에 내 마음에서 질문이 생긴다.

'내가 힘들었던 걸 왜 알고 싶지?'

감동 받는 것이 목적이라면

'뭐가 제일 힘들었어요?'라는 질문은 적당하다.

뭔가 배우고 싶다면 다른 질문이 필요하다.

"뭐가 제일 설레고 즐거웠어요?"

"어떤 일이 성장에 도움이 되었어요?"

무슨 일이든 어려움은 당연히 있다.

인생을 작품으로 만들 때도 어려움은 당연히 있다.

어쩌면 지금까지 겪었던 어떤 것보다 더 힘들 수 있다.

'내가 그 어려움을 극복할 수 있을까?'

이런 두려움이 힘들었던 일을 묻게 한다.

나는 어려움을 겪지 않으려고 인생을 살지 않는다.

어려움을 극복하려고 인생을 살지 않는다.

설렘과 기쁨과 성장을 위해 산다.

내 인생의 초점은 거기에 맞춰져 있다.

어차피 어려움은 있다. 그 너머에 내가 경험하고 싶은

뭔가가 있으니까 어려움도 받아들인다.

그러면 고난도 성장의 과정이 된다.

힘든 걸 먼저 생각하면 도전할 게 없다.

고난 없이 얻을 수 있는 가치는 없다.

두려움을 먼저 생각하면 움직이지 못한다.

기회는 언제나 두려움과 기대가 교차하는 지점에 있다.

두려움과 기대는 한 몸이다.

높은 기대는 깊은 두려움을 동반한다.

어디에 에너지를 줄 것인가.

무엇으로 살 것인가.

두려움보다는 기대와 설렘이다.

나는 그렇다.

특별했던 사람의 평범한 선택

미술에 대한 관심이 생겼다.

그 관심에 에너지를 투입하기로 했다.

에너지 투입은 시간과 경험의 선택이다.

서울예술재단 예술경영 과정에 지원했고

그 프로그램에서 다양한 아티스트들을 만날 수 있었다.

낯선 경험을 선택하면, 언제나 낯선 사람을 만난다.

미술강연을 통해 한젬마 작가를 만났다.

서로 인스타그램에 댓글을 달아주는 정도로 친해졌을 무렵

나를 특별한 전시회에 초대해주었다.

"혹시 장애인들 그림 본 적 있어요?"

그럴 리가.

"그럼, 오늘 특별한 걸 보게 될 거예요."

동대문디자인플라자에서 장애인창작아트페어가 열리고
있었다. 자폐아들의 그림이었다.

독특하다고밖에 할 수 없는 작품들이었다.

어떤 친구는 한 화폭에 천 가지 캐릭터를 그렸다.

또 다른 친구는 시계의 앞면과 뒷면을 같이 그렸다.

작가들에게 작품에 대해 물어보고 싶었는데 무척 아쉬웠다.

한젬마 작가가 이 특별한 화가들에 대해서 얘기해주었다.

"이 친구들의 그림이 왜 특별한 줄 알아요?

애들은 태어나서 밖의 세계를 경험한 적이 없어요.

자기 세계 속에서만 살았어요.

보통 예술가들은 세상과 소통하면서 피드백을 받는데,

애들은 자기 세계 속에서 그걸 꺼내는 거예요."

자폐아들이 일상생활에 적응하지 못하는 건 어쨌거나

사실이다. 그런데 예술의 관점에서 보면 다르다.

우리는 성장하면서 너무 많이 깎였다.

모든 어린이들은 기발하다.

근데 점점 기발함은 사라진다.

엄밀하게 말하면 버렸다.

세상에 맞춰보고, 모양이 맞지 않으면 버렸다.

버리라는 강요를 받아들였다.

이들은 다르다.

다른 사람의 해석을 참고하지 않았다.

세상에 대한 자기만의 해석을 갖고 있다.

어떻게 보면 가장 예술가적인 시각을 갖고 있는 것이다.

인간은 미래에 대한 불안을 갖고 산다.

장밋빛 전망과 잿빛 전망이 시소를 탄다.

'그러다가 나중에 큰일 난다'는 협박도 넘쳐난다.

불안은 군중심리에 편승하게 하는 효과가 있다.

그래서 우리는 점점 평범해진다.

원래 평범했던 게 아니다.

대중적인 선택과 대중적인 경험을 함으로써

평범해지는 것이다.

불철주야, 평범해지는 노력을 해왔다.

세상에는 잘 적응했는지 모르지만,

자기 자신에게는 부적응하게 되었다.

'사는 게 뭔지 모르겠다.'

'왜 사는지 모르겠다.'

특별한 사람들은 원래 특별한 사람이 아니었다.

자기다운 선택을 했고 그것이 특별한 경험을 하게 했다.

특별한 경험이 특별한 스토리를 만들었고

그것이 그들을 특별하게 만들었다.

자유의 수준

소극적 자유가 있다.

하기 싫은 것을 하지 않을 수 있는 자유다.

거절을 못해 하기 싫은 일을 떠맡는 경우가 있다.

거절의 힘을 기르면 된다.

이렇게 심리적 문제가 원인인 경우,

그 해결방법은 다양하고 복잡하다.

이 책에서 다룰 주제는 아니다.

그 다음은 꼴 보기 싫은 사람들을 만나지 않을 자유,

즐거움도 보람도 없는 일을 하지 않을 자유다.

돈만 좀 있다면 하지 않을 행동을 하지 않을 자유다.

낮은 레벨의 자유이지만 이 자유를 쟁취한 사람,

그렇게 많지 않다.

적극적 자유는 하고 싶은 일을 할 수 있는 자유다.

물론 이런 자유를 얻기 위해서는

충분한 시간과 돈이 있어야 한다.

하지만 돈만 있다고 해결되지는 않는다.

프랑스에서 한 달 살고 싶다.

돈 있다고 바로 갈 수 없다.

공부를 해야 한다.

프랑스에 뭐가 있는지,

어디서 한 달을 묶을 수 있는지

알아봐야 한다.

나무의자를 만들고 싶다.

돈 있다고 그냥 안 된다.

도구를 공부해야 하고 나무를 공부해야 한다.

적극적 자유를 누리기 위해서는 공부와 준비가 필요하다.

최고 레벨은 해야 할 것을 해낼 수 있는 소명적 자유다.

"Boys, be ambitious!"

영어를 배울 때 거의 처음 배우는 말이다.

나는 이 말이 누가 한 말인지 몰랐다.

얼마 전 삿포로 여행을 가서 삿포로농업대학을 갔을 때

이 말이 초대 학장이었던 윌리엄 클라크의 말이라는 것을

알게 되었다. 우리는 '소년이여 야망을 가져라'라는 말만

알았지 그 원문은 알지 못했다.

사실은 이 뒤에 이어진 말이 더 중요하다.

"Boys, be ambitious! Be ambitious not for money or for selfish aggrandizement, not for that evanescent thing which men call fame. Be ambitious for the attainment of all that a man ought to be."

"소년들이여, 야망을 가져라. 돈을 위해서도, 이기적인 성취를 위해서도, 사람들이 명성이라 부르는 것을 위해서도 말고 인간이 갖추어야 할 모든 것을 얻기 위해서."

뭘 많이 가지라는 게 아니다.
'나는 어떤 사람이 되어야만 하는가?'라는 철학적 명제다.
나는 영향력으로 해석한다.
사업으로 일자리를 만드는 것도 영향력이다.
돈을 많이 벌어서 경제적으로 힘든 사람을 도와주는 것도
영향력이다. 그러나 내 존재를 만들어가는 것으로
미치는 영향력이 가장 높은 레벨인 것 같다.
내 안의 나를 발견하고 그것을 기반으로
내 세계를 만들어간다.
그런 내 세계를 본 사람들이 '나는 이런 방식으로
나의 세계를 만들어가겠다'라고 느낄 수 있다.
고흐는 누구를 도울 처지가 안 됐다.
그는 자신의 작품을 그렸다.
그것으로 지금까지 이 세계에 영향을 미치고 있다.
이게 내가 생각하는 소명적 자유다.
내게 어떤 가능성이 있는지 발견하고 탐구하는 삶 자체가
영향력이다.
내가 사업을 시작한 이유, 사업을 지속하는 이유,

사는 이유다. 아직 소극적 자유조차 쟁취하지
못했더라도 소명적 자유를 생각해야 한다.
소극적 자유, 적극적 자유가 그렇게 큰 게
아니라는 걸 알아야 한다.
그래야 그 낮은 벽 아래에서 헤매지 않는다.
소명적 자유를 탑재하는 것만으로 마음의 덩치가 커진다.
자신에 대한 기대감이 높아진다.
그래야 낮은 벽 따위가 아무것도 아니라는 것을 알게 된다.
삶을 바라보는 프레임이 바뀐다.
"오는 데 5시간 걸렸어요."
정말 놀랐다. 내가 뭐라고,
2시간 강의하는데 5시간이나 걸려서 오다니….
'늘 누군가에게 멋진 영향력을 주는 사람으로 남아주세요.'
첫 번째 책을 두고 누군가 쓴 댓글이다.
여러 감정들이 묵직하게 응축되는 듯했다.

내 삶 자체가 메시지가 되어 누군가에게
긍정적 영향력을 미치는 삶을 살고 싶다.
그래서 못하는 것도 많다.
'자유롭게 못하는' 일이 많다.
그래도 자유롭다.
남들이 잘 이해하지 못하는 자유라 더 충만함이 크다.

학습의 4단계

무의식적 무능력.

의식적 무능력.

의식적 능력.

무의식적 능력.

목적지가 생겼다.

걷기 시작한다.

출발한 지점도 알고 있다.

어느 정도 걷는다.

그러다 문득 내가 어디에 있는지 모른다.

이 길이 맞나? 그냥 거기 있어야 하는 건 아니었나?

그러다가 목적지에 대한 회의가 생긴다.

'꼭 가야 하는 건 아니잖아. 돌아가자.'

새로운 시도를 하다가 포기하는 과정,

많은 사람들이 되풀이하는 과정이다.

포기하지 않으려면 어떤 단계를 거쳐 목적지에 도달하는지

미리 알고 있어야 한다.

첫 시작은 보거나 듣거나 먹거나 만지는 경험이다.

모르다가 알게 되는 순간, 흥미가 발생하는 순간이다.

길을 가다가 기타를 연주하는 버스킹을 본다.

'멋지다. 나도 저렇게 연주하고 싶다.'

기타라는 악기를 몰랐던 건 아니다.

하지만 평소에 '나는 기타를 연주할 줄 모른다'라고

인식하고 살지 않는다.

그 순간의 내가 매력을 느낀 것이고

개인적 차원에서 기타를 재발견한 것이다.

무의식적 무능력 단계에서 의식적 무능력 단계로 넘어가는

순간이다. 못하는 줄도 모르다가 못하는 줄은 알게 된다.

다람쥐 쳇바퀴 돌듯하는 생활을 하면

이런 기회가 좀처럼 오지 않는다.

의식적으로 낯선 환경을 찾아야 하는 이유다.

내 안에서 기타 연주에 대한 욕망의 씨앗이 발아했다.

'이 나이에 무슨….'

돌아서면 새싹은 곧 사라진다.

'그래도 한번 배워볼까?'

그러면 대가를 지불해야 한다.

먼저 기타를 산다.

배울 수 있는 학원에 등록한다.

기타가 없는 환경에서

기타가 늘 있는 환경으로의 이동이다.

돈을 지불하든, 시간을 지불하든, 감정을 지불하든,

셋 모두를 지불하든, 시작하는 시점에서 크게 한 발을

떼야 한다. 시작할 때 대가를 크게 지불하면

돌아갈 때의 대가도 크다.

그래서 쉽게 돌아가지 못한다.

연습을 좀 하다 보면 안 되던 게 된다.

되긴 하는데 신경을 많이 써야 한다.

틀리기도 한다. 의식적 능력 단계다.

연습하는 시간이 길어져도 안 되는 게 더 많다.

하지만 기초 단계의 곡들, 충분히 연습한 곡은

신경 쓰지 않아도 연주할 수 있다.

몸이 기억하는 단계, 무의식적 능력 단계다.

어렵지 않은 곡이 있다. 연습을 해서 처음부터 끝까지

한 번도 틀리지 않고 연주한다.

악보도 다 외웠다. 그 곡은 마스터한 것일까?

일류 기타리스트도 매일 연습한다.

연주회가 잡혀 있으면 같은 곡을 반복한다.

한 번도 틀리지 않고 연주하려고 연습할까.

악보를 다 못 외워서 연습을 하는 걸까.

당연히 아니다.

무의식의 바다에 계속해서 돌을 던지는 중이다.

돌 한 개를 던져봐야 차이를 알 수 없다.

열 개를 던져 넣어도 바다의 변화를 알 수 없다.

그래도 계속 던진다.

미세한 변화가 심오한 변화가 될 때까지.

프로와 아마추어의 차이는 실력의 차이도 물론 있겠지만

심층의식의 두께가 완전히 다르다.

아마추어는 '웬만큼 할 수 있을 정도'까지가 기준이지만

프로들은 자신도 모르는 레벨까지 도달하기 위하여

끊임없이 훈련을 한다.

누구나 계속 성장할 수 있다.

무의식적 능력은 제한이 없다.

정답력 vs 질문력

학창 시절 공부 잘한다는 소리를 들으며,

나름 우쭐했던 기억이 있다.

그런데 지금 와서 생각해보면 과연 공부를 잘한다는 것이

내가 누구보다 어떤 것을 많이 알았다고 할 수 있을까?

그때그때 시험을 잘 봤고 점수를 잘 받았던 거 같은데,

그럼 공부를 잘한다는 것은 시험 점수가 좋았다는 것이고,

점수가 좋았다는 것은 누가 내는 문제에 정답을

잘 맞혔다는 것이다. 그리고 그 목적은 단 한 가지,

좋은 대학에 가기 위함이었다.

내 스스로 문제를 제기하고 탐구한 것이 아니니

시험만 끝나면 그 내용에 대해서 다 까먹었던 거 같다.

주어지는 문제들에 대해서는 어떻게 풀지 궁리했지만
여러 과목들 중 어떤 한 과목도
내 스스로 의문점을 가진 적은 없었다.
늘 공부시간, 심지어 쉬는 시간에도 문제를 풀었고
많이 풀다 보니 패턴을 파악하게 되고,
그것이 쌓이고 단련되어 시험을 잘 본 것이었다.
내가 점수를 잘 받으면 선생님이나 부모님이 그냥 좋아하셨지
아무도 내가 그 과목에 대해서 어떤 호기심을 가지는지에
대해서는 궁금해하지 않았다.
내가 풀었던 문제는 나의 선배들도 다 풀었던 문제이고
또 수많은 후배들이 풀었을 것이다. 난 수많은 문제들을
풀었지만 그 문제들에 대한 문제의식은 없었다.
졸업하고 사회에 나와 보니 사회에서 주어지는 문제들은
학교에서처럼 정답이 딱 하나만 있는 것이 아니었다.
경우에 따라, 사람에 따라, 시기에 따라
풀어내야 할 방법들이 모두 달랐다.

급속한 기술 변화로 정말 많은 것들이 변했다.
이제 단순히 어떤 지식을 암기하는 것만으로는 경쟁력이 없다.
그냥 검색 몇 번만으로 내가 모르는 것을 다 알 수 있는
시대가 되었다. 중요한 건 나만의 문제를 발견하는 일이다.
아무도 문제 삼지 않지만 나에게는 문제인 것이 있다.

문제를 제기한다는 것은 질문을 한다는 것이고
질문을 한다는 것은 그에 대해 관심을 가진다는 것이다.
그리고 중요한 것은 단순히 문제를 발견하는 것을 넘어
그 문제가 꼭 해결되어야 하는 이유를 가진다는 것이다.

왜 그것이 문제인지?
왜 아직 아무도 해결하고 있지 않은지?
그것을 해결하기 위해서는 어떤 노력들이 필요한지?
무엇부터 시작해야 하는지?
그것이 해결되었을 때 나와 이 사회는 무엇이 달라지는지?

한 가지 문제에 수많은 질문이 달라붙는다.
결국 질문력은 문제 인식 능력을 키운다는 것이고
나아가 문제 해결 의지력 또한 단련해야 하는 것이다.

우리나라 사람은 질문을 잘 하지 않는 거 같다.
괜히 이상한 거 물어봤다가 쪽팔릴 수도 있고,
나만 모르는 게 아닌지 하는 두려움이 있어서다.
만약 본인도 그렇다면 지금부터 완전히 모드를 바꾸어야 한다.

내가 만난 성공한 분들은 모두
본인에게 질문하는 사람을 좋아했다.

272

나 역시도 강연을 하거나 미팅을 할 때
"좋은 말씀 잘 들었습니다"라는 사람이 있으면
그냥 "아, 고맙습니다" 하고 짤막하게 답변을 하지만
내 강의 내용에 의문을 제기하거나 어떤 개념에 대해
추가적인 질문을 하는 사람이 있다면
그때부터 아주 흥미로워지고
질문을 한 그 사람이 궁금해진다.
그냥 수동적으로 어떤 것을 받아들인 것이 아니라
자기 생각과 기준을 가지고 내 메시지를 들었기에,
그 질문은 본인이 그냥 수긍할 수 없는 포인트를 발견했다는
신호이기 때문이다. 그러면 나는 그분과 좀 더 깊은 내용을
이야기할 수 있고, 일반 강의에서는 할 수 없었던
그 사람 상황에 맞는 솔루션을 제공하기도 한다.
질문을 한 사람은 본인 질문에 대한 답을 얻을 뿐만 아니라
대답을 한 그 사람에게도 엄청 매력적으로 느껴진다.

정답만 들으려는 사람과 질문을 하는 사람…
난 후자가 훨씬 더 경쟁력 있고 실속 있다고 본다.
질문이라는 것은 언뜻 보면 쉬워 보이지만 단련이 필요하다.
그래서 질문력이다.
내가 질문하고 싶은 그 지점이 바로
나의 배움이 시작되는 곳이다.

도전이 두려운 이유

다양한 시도를 한다.

강연할 때 춤을 추기도 한다.

줄에 매달려 공중에서 내려오기도 한다.

다양한 콘텐츠를 접목해 라이브 방송도 한다.

항상 새롭게 해볼 수 있는 게 없을까 찾는다.

아이템을 찾으면 연구하고 고민하고 실행한다.

반응이 폭발적일 때도 있다.

난감한 표정을 읽을 때도 있다.

그래도 새로운 도전을 하는 마음은 가볍다.

준비는 많이 하지만 마음은 무겁지 않다.

결심과 실행 사이의 거리가 짧다.

나보다 어린 사람들을 자주 만난다.

대화를 하다 보면 결심이 결핍되어 있다는 느낌을
자주 받는다.

결심과 실행 사이의 거리가 길다.

목표에 마음을 묶는 게 결심이다.

목표를 정하면 꼭 두려움이 목표와 함께 걸어온다.

되는 방법을 고민하고 실행해야 할 시간에

두려움에 덜미를 잡힌다. 포기하고 싶다.

그래서 결심이 괴롭다.

그래서, 되도록 결심을 하지 않는다.

내가 경쾌한 마음으로 도전하는 이유는

결과가 두렵지 않기 때문이다.

결과가 두렵지 않은 이유는

그게 내 목표가 아니기 때문이다.

도전을 한다. 그 도전이 성공했을 때의 결과는 무엇인가.

돈이라면 안쓰럽다. 그런 도전을 100번 성공해도

태어난 순간 그보다 더 많은 돈을 가진 사람들이 많다.

사회적 명성이라면 부질없다.

어떻게 해도 이미 죽은 사람들, 이를테면

고흐, 베토벤, 비틀스, 에디슨보다 유명해질 수 없다.

내가 도전하는 이유는 과정을 통한 성장이다.

'이 도전은 내게 어떤 변화를 가져올까?

나를 또 어떻게 성장시킬까?'

두려움이 아니라 기대다.

기대가 되니까 경쾌하게 도전할 수 있다.

결과적으로 실패한 도전이다?

'아, 이 방법은 안 되는구나.'

안 되는 방법을 아는 것도 성장이다.

축구 경기, 후반 1분이 남았다.

점수 차이는 5점. 승부는 정해졌다.

어느 팀이건 내가 좋아하는 선수는

끝까지 전력을 다해 뛰는 사람이다.

승리를 목표로 한다면 22명의 선수 중

누구도 열심히 뛰지 않아도 된다.

툭툭 패스하면서 시간만 보내면 된다.

공을 빼앗으려고 뛸 이유도 없다.

승부의 결과는 정해졌으니까.

선수로서의 성장이 목표라면 다르다.

휘슬이 울릴 때까지 뛴다.

그게 선수로서의 자존심이다.

내일도 선수로 있을 자신에 대한 예의다.

결과가 명확해지는 순간이 있다.

이 도전은 실패다. 그러나 끝까지 전력을 다하는 것이

내일도 삶을 만들어 나갈 내 인생에 대한 예의다.

꽤나 자주, 넘어질까봐 조심조심 걷는 슈퍼맨을 본다.

비행할 잠재력을 가졌는데,

방법을 모른다는 걸 모르는 사람들을 본다.

오른팔을 뻗어야 하는데 왼팔을 뻗어서 추락했다.

왼발을 먼저 들어야 하는데 오른발을 먼저 들었다.

그래서 비행하지 못하고 넘어졌다.

도전은 그 결과로 뭔가를 얻으려고 하는 게 아니다.

나의 가능성, 내 인생의 가능성을 탐구하는 것이다.

그렇게 내가 구축한 세계에서 슈퍼맨으로 비상하는 것이다.

하루하루의 성공

'결과의 성패보다는 그 과정에서

내가 성장하는 것이 중요하다.'

머리로는 알아도 마음의 프로세스는 다르다.

인간은 실패하면 좌절의 고통을 맛보도록 설계되어 있다.

유전자의 설계다.

사귀던 상대에게 이별 통보를 받으면 왜 괴로운가?

유전자의 경고다.

'앞으로는 잘 좀 하자.'

우리가 성장한 환경도 다르지 않다.

'실패=좌절'이라고 가르쳐왔다.

'인간으로서 너의 성장'을 알려주지 않았다.

도전하는 과정을 통해, 도전의 결과를 통해 성장한다는
명제는 유전자와 세상에 대한 저항이다.

머리로 한 번 알았다고 그냥 되지 않는다.

감정은 이성보다 강하다.

이성은 멈추는 때가 있지만 감정은 멈추지 않는다.

싸움에서 이기려면 과정을 통해 성장하고 있는 자신을
의도적이며 계획적으로 느껴야 한다.

주도면밀하게 시간과 에너지를 투입해 감지해야 한다.

친구에게 어떤 말을 들었다. 기분이 나빴다.

약간의 말싸움을 했다. 집에 와서 혼자 친구를 비난한다.

그리고 그냥 지나간다.

'왜 그 말을 들었을 때 기분이 나빴을까?'

해석하지 못한 감정은 소화되지 않는다.

소화되지 못한 감정은 어깨 위에 짐처럼 쌓인다.

무겁다.

어떤 말을 들었을 때, 어떤 일을 했을 때

자기 안의 반응과 변화를 곱씹어야 한다.

그래야 자기 감각을 경험할 수 있다.

감정을 곱씹을 수 있는 힘은 성취경험으로 기를 수 있다.

실패는 성공의 생모가 아니다.

도움은 되지만 직접 성공을 낳지 못한다.

안 되는 방법을 찾아낸 것이 실패다.

되는 방법을 찾아내야 성공이다.

성공의 경험, 성취의 경험은

내가 느끼는 나의 덩치를 크게 한다.

엄청난 발명을 할 때까지 자신감을 키울 수 없겠다?

사업으로 크게 성공해야 자신감을 키울 수 있겠다?

당연히 아니다. 작은 성취경험의 누적이 자신감을 키운다.

쪼그리고 앉아 있던 슈퍼맨을 우뚝 일어서게 한다.

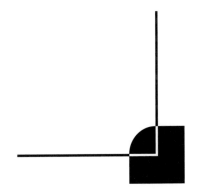

자신감이 쌓이면 과거에는 높게만 보이던 벽이 낮아졌음을
알게 된다. 도전의 수준이 달라진다.

아침에 일어나서 팔굽혀펴기를 열 개 한다.

퇴근할 때 커피숍에 들러 30분 동안 책을 읽고 귀가한다.

유산소 운동을 10분 동안 한다.

한 정거장 먼저 내려 걸어서 귀가한다.

'30분 책 읽는다고, 운동 10분 한다고,
한 정거장 걷는다고 뭐가 달라지겠어?'

안 해보니까 모른다. 해보지도 않고 머릿속으로만 돌린다.

인생 달라지라고 하는 거 아니다.

하루 기분 달라지라고 하는 거다.

하루 기분이 달라지면
그날은 기분 좋은 하루가 되는 거니까.

하루 하는 거 별거 아니다.

이틀 하는 거 별거 아니다.

일주일이면? 한 달이면? 일 년이면?

매일매일 자기를 칭찬해줄 만한 작은 성취경험이 쌓일 때
자신감이 생긴다. 매일 트로피를 쥐는 하루가 된다.

그러면 콧노래를 부르며 샤워하고 기분 좋게 잠들 수 있다.

매일매일 행복을 채굴하는 것이다.

나는 미래의 어느 '오늘'에 죽는다.

어제 죽지도 않고 내일 죽지도 않는다.

모든 인간은 늘 오늘만 산다.

어제를 살 수 없고 내일을 살 수 없다.

그래서 오늘밖에 없다.

기분 좋은 오늘의 누적이 행복한 인생이다.

책의 막바지다.

아무리 진한 감동도 시간이 지나면 옅어지듯,

책을 통해 알고 생각하고 느꼈던 것도 점점 희미해진다.

감동도 사라지고, 뭔가 해야겠다는 마음도 없어진다.

이 책이 그렇게 사라지는 게 싫었다.

그래서 '망본격류'를 준비했다.

망본격류만 꼭 쥐고 있으면

언제나 이 책을 들고 다니는 것과 같다.

다 잊어버려도 망본격류만은 잊지 마시길.

시작은 '망'이다.

망-꿈은 욕구 이전에 지식이다

나는 자주 묻는다. 20대에게도 묻고, 30대에게도 묻는다.
"어떤 삶을 살고 싶어요?"
사용하는 단어는 조금씩 다르지만 결론은 비슷하다.
'잘 모르겠다.'
'그냥 돈에 쪼들리지 않고 편하게 살고 싶다.'
안타깝다. 아직 어떤 것을 원하는지도 잘 모른다.
어떤 삶이 가능한지 충분히 알아보지 않았기 때문이다.
누군가 나에게 '저 나무를 어떻게 카메라에 담고
싶으세요?'라고 묻는다면 내 대답은 뻔하다.
"그냥 핸드폰으로 찍으면 되지 않나요?"
나는 카메라를 모른다. 생소한 분야다.
어떤 카메라가 있는지 모르고

주위에 카메라를 잘 다루는 사람도 없다.

하지만 카메라를 잘 아는 사람의 대답은 다르다.

조리개, 셔터스피드, 광각의 조합에 따라 사진의 느낌이

달라진다. 카메라와 렌즈의 조합에 따라 달라진다.

싱그럽게 연출할 수도 있고, 장엄하게 연출할 수도 있다.

카메라의 세계를 알지 못하는 사람이 찍는 사진은 뻔하다.

아는 건축 재료가 흙과 돌밖에 없는 사람이

상상하고 지을 수 있는 집은 뻔하다.

아는 옷이 청바지와 셔츠밖에 없는 사람의 패션은 뻔하다.

어떤 삶을 살고 싶은가를 생각하기 전에

어떤 삶이 있는지, 어떤 삶이 가능한지

충분히 알아보아야 한다.

일상에서 만나는 삶은 다양하지 않다.

부모님, 친구, 선배들의 삶으로는 부족하다.

짬뽕 아니면 짜장이다.

'그나마 나아 보이는 삶'을 선택하는 것이지

'내가 원하는 삶'을 선택하는 것이 아니다.

섣불리 이런 삶을 살아야지라고 정하는 것보다

어떤 삶이 가능하고, 어떤 꿈의 재료들이 있는지

탐험해보는 과정이 필요하다.

재료가 부족하면 상상력도 제한된다.

우리는 알지 못하는 것을 욕망하지 못한다.

욕망은 배우는 것이다.

우리는 정보를 충분히 얻을 수 있는 세상에 살고 있다.

검색도 유튜브도 좋다.

하지만 뭔가 관심 가는 분야가 있다면

잡지를 추천하고 싶다. 많은 정보보다는

깊이 있고 집중력 있는 정보를 접해야 한다.

요리에 관심이 있다면

올리브, 라망, 파티셰라는 잡지를 보면 된다.

요즘 핫한 셰프들의 인터뷰, 디저트의 트랜드 등이

실려 있다. 꾸준히 구독하면 요리가 먹는 것뿐 아니라

예술성을 표현하는 도구가 될 수 있다는 것도 알게 된다.

꼭 가보고 싶은 레스토랑도 생기고,

꼭 대화해보고 싶은 셰프도 생긴다.

'나는 나의 세계를 어떤 수단을 통해서

표현할 수 있을까?'라는 질문도 생긴다.

잡지를 읽는 것으로 욕망이 생기고 키워지는 것이다.

욕망의 에듀케이션이다.

알지 못하는 세계는 내 인생에는 없는 것과 같다.

알더라도 충분히 알지 못하면 오해하기 쉽다.

충분히 알더라도 경험해보지 못하면

내가 진짜 좋아하는 것인지 알 수 없다.

꿈의 재료를 모으고 경험하는 과정을 통해

내가 좋아하는 것을 알게 된다.

그것으로 연출하는 삶을 상상할 수 있게 된다.

누구도 하지 않는 특별한 일은 없다.

누구나 하는 일을 나만의 스타일로 할 때

그 일은 유니크한 일이 된다.

자신만의 욕망과 느낌을 키우는 작업,

그것이 유니크함을 통해 만들어내는

자유로운 삶의 출발이다.

욕망의 에듀케이션이 곧 시작이다.

본-꿈의 근육을 키운다

욕망이 생기면 한 발 들어가 본다.

초반은 경쾌하다. 기대감과 호기심으로 설렌다.

그러다가 어느 순간 이런 질문이 떠오르는 때가

반드시 온다.

'제대로 선택한 걸까?'

'내가 잘해낼 수 있는 일일까?'

'나한테 재능이 없는데 시간 낭비하는 건 아닐까?'

경쾌했던 발걸음은 어느 새 무거워져 있다.

기대감과 호기심은 두려움과 불안함으로 바뀌어 있다.

생각했던 것보다 결과가 나오지 않기 때문이다.

내면의 욕망에 따라 선택해놓고는 막상 이 시기가 되면

주변의 조언을 구한다. 그들은 내 인생을 책임지지 않는다.

그들에게 내 인생은 그렇게 중요하지 않다.

주변 사람들을 포함해, 다수의 사람들은

안전을 중요하게 생각한다. 우리의 뇌도 그렇다.

기대치와 결과치를 계속 비교하면서

좀 더 안전한 쪽으로 선택하려고 한다.

주변의 조언을 듣고 뇌의 메커니즘을 방치하면

결국 포기하게 된다.

나도 사업을 시작하면서 정말 많은 질문들을 했다.

'이 길이 맞는 걸까?'

'다른 중요한 기회를 놓치고 있는 건 아닐까?'

매일매일 이런 질문을 하던 시기가 있었다.

그때 내가 한 일은 삶의 모드를 다르게 정한 것이었다.

'성공이냐 실패냐가 아니라

이 일로 배울 수 있느냐 없느냐를 기준으로 삼았다.

그렇게 생각하니까 그때까지 시도해보지 않은

많은 일을 할 수 있게 되었다.

오해를 받아도, 내가 원하는 결과가 나오지 않아도

괜찮았다. 행동을 했고, 그에 대한 반응을 겪었고,

그것으로 배울 수 있었다.

얼마 전 서울대 이정동 교수의 《축적의 길》을 읽으면서

당시 내가 겪은 일이 개념설계역량을 만드는 '스케일업'

과정이라는 것을 알게 되었다.

지금까지 존재하지 않았던 새로운 밑그림을 그리는 능력이
개념설계역량이다. 누군가 했던 것을 빠르게 따라가는
것이 아니라 남들이 보지 못하는 미래를 구상하고
그 밑그림을 그리는 능력이 경쟁력이라는 것이다.
스케일업은 어떤 매뉴얼로도 설명할 수 없는
본인만의 역량을 키우는 과정이다.
이때 가장 중요한 것이 실험정신과 수많은 시행착오다.
매번 다른 시도를 통해 가능성의 패턴을 익히고
본인만의 창의적인 방법을 찾아가는 것이다.
다양한 아이디어들이 아이디어에 그치고 마는 것은
시행착오의 시기를 극복하지 못한다는 설명도 있었다.
'처음과는 달리 재미가 떨어진다.
발전하는 속도가 느려진다.
흥미로운 것보다 힘들고 지루한 것들이 부각된다.'
'본'의 시기다. 불안해하거나 의심을 가질 때가 아니라
더 많이 시도하고 더 예민한 감각을 키워야 할 때라는
신호다. 그냥 버티고 있다가는 포기하기 십상이다.
실험정신을 가지고 자기만의 데이터를
확보하고 발전시켜야 하는 때이다.
주위 사람들은 말할 것이다.
"결과도 안 나오는데 시간 낭비, 돈 낭비 아니냐?"
그래서 어제와 다른 시도를 하고 있는

자신을 예민하게 감지해야 한다.

이 시기를 겪어야 자기만의 세계를 키워 나가는 데

필요한 근육을 가지게 된다.

꿈의 근육을 키울 때 반드시 필요한 것이 몸의 근육,

즉 체력이다. 버티고 싶어도, 시도를 하고 싶어도

몸이 따라주지 않으면 순간순간 쉬운 선택을 하게 된다.

꾸준한 운동과 건강한 식습관 관리가 필요하다.

삶의 도구는 몸이라는 것을 잊지 말아야 한다.

매일 조깅 30분, 팔굽혀펴기 20회가 엄청난 무기가 된다.

단련된 체력을 가지고 지속적으로 새로운 도전을 하는

사람을 막을 수 있는 것은 아무것도 없다.

격-진정성을 탑재한다

양의 시대가 있었다.

물건이나 서비스가 부족할 때였다.

많이 공급하는 것이 경쟁력이었다.

이후 생산능력이 증가하자 다른 상품보다

품질이 더 좋은 것이 경쟁력이었다.

하지만 지금은 기술복제가 너무 빠르게 일어난다.

웬만한 품질로는 경쟁력을 가지기 어렵다.

현재의 경쟁력은 '격'이다.

'격'은 하루아침에 만들어지지 않는다.

지키고자 하는 가치, 철학이 시간과 더불어

조금씩조금씩 여물어가는 것이다.

그래서 인문학이 필요하다.

나도 클래식음악, 미술, 문학, 건축에 문외한이었다.

인문학 공부 모임이라는 우연한 기회가 왔고
주저하지 않았다. 수상록, 돈키호테, 차라투스트라를
한 학기 동안 배우고 멤버들과 함께 독일에 다녀왔다.
마하바라타, 라마야나, 마누법전을 공부하고
인도에 다녀왔다.
혼자였다면 읽을 엄두조차 내지 못했을 책들을
전문가의 안내를 받으며 공부했다.
그리고 그 안에 녹아 있는 수천 년간의
인간의 지혜, 수많은 감정, 근원적인 본성들을 느끼게
되었다. 모임의 멤버로부터 또 다른 기회가 왔다.
그분의 추천으로 미술, 음악을 공부하게 되었고
그때 평범한 인간으로서 위대한 예술적 삶을 살았던
베토벤과 고흐를 알게 되었다.
'한 인간의 일생을 통해 위대한 유산을 남겼다.
같은 인간으로서 나는 무엇을 해볼 수 있을까?'
남들이 하지 않는 공부를 했다면서 고상 떨자는 게
아니다. 그럴 듯한 타이틀을 따자는 것도 아니다.
수백 년 동안 검증받은 작품의 깊이를 접하면서
나의 작업을 돌아보자는 것이다.
이 세상에 완전히 새로운 것은 얼마 되지 않는다.
절대다수가 응용이나 발전이며 해석이다.
기반이 넓고 깊어야 멋진 해석이 가능하다.

인문학이 곧 해석의 기반이다.

목수가 가구의 기능만 이해하면 그냥 목수다.

열심히 만들어야 한다.

인문학적 깊이로 의자를 해석하고 책상을 해석하면

온리원이 된다. 그는 이미 작품을 만들고 있는 예술가다.

자기 분야에 대한 실력과 전문성은 당연히 중요하다.

하지만 여기에만 머물면

어디에나 있는 기술자밖에 되지 못한다.

다양한 분야에 자신을 노출시켜야 한다.

최고의 가치를 가진 것들을 만나

영감과 에너지를 얻어야 한다.

그것에 반응하는 자기 세계를 감지하고 키워야 한다.

그것을 오래 지켜 나갈 때

사람들은 거기서 진정성을 발견한다.

better가 아닌 only one이 되는 것이다.

'류'의 시작이다.

류-자유로운 나만의 세계

나만의 세계 속에서 자유롭게 사는 마지막 과정은 '류'다.
'웨이브(wave)' 또는 '스타일(style)'이라고도 할 수 있다.
자기만의 해석을 통한 콘셉트로 이때까지 없었던
상품과 서비스 또는 느낌을 제안하는 것.
내가 나의 기준이기 때문에 누구의 눈치를 볼 필요도,
경쟁할 필요도 없다.
'류'를 만든 사람들의 질문은 다음과 같다.
'이것이 내가 추구하는 가치관과 맞는가?
나의 아이덴티티를 강화하고 있는가?
계속해서 발전시키고 싶은 욕망이 드는가?
즉 고도의 개별성과 독립성을 가지고 움직이게 된다.
강력한 마니아층을 갖고 있는 무라카미 하루키는

영어로 소설을 쓴 후에 다시 일본어로 번역해

소설을 완성했다. 이것이 무라카미의 번역체다.

자기만의 어법과 문체로 자기만의 세계를 만든 것이다.

마스다 무네아키는 서점을 재해석했다.

책을 파는 공간이 아니라 라이프스타일을 제안하고

새로운 가치를 제공하는 곳으로 해석한 것이다.

서점이라는 단어는 같지만 그 내용은 완전히 다르다.

물건을 사고파는 물리적인 공간이 아니라

가치를 만들어내는 느낌공작소라는 콘셉트다.

어떤 일을 하느냐보다

그 일을 통해 어떤 가치를 제공하느냐가 중요하다.

나만의 색깔을 만들어내는 것이 중요하다.

아무도 생각하지 못한 비즈니스 모델을 만들어내거나

처음 들어본 상품이나 서비스를 만들어내는 것도 좋다.

하지만 이미 알고 있던 세계에서

나만의 스타일을 만들어내는 것 역시 창조다.

마르셀 뒤샹은 변기를 〈샘(Fountain)〉이라는 작품으로

출품했다. 이후로 미술에 대한 또 다른 관점이 생겼다.

화가가 처음부터 그리고 만드는 것도 예술이지만

발상의 전환으로 사람들의 관심과 새로운 질문을

만들어내는 것도 예술이 될 수 있다는 것이다.

지금 마르셀 뒤샹은 너무나 위대한 예술가로 알려져 있지만

당시에는 많은 비평가들로부터 혹독한 혹평을 받았다.

결국 미술에 대한 본인만의 재해석이

'샘'이라는 작품을 만들어냈고,

그 작품이 미술계에 새로운 장르를 만들어낸 것이다.

이것이 '류'의 힘이다.

'류'는 나만의 해석이고 새로운 힘이다.

그렇기 때문에 처음에는 크게 인정을 받지 못한다.

대중은 기존의 것에 벗어나거나 자신이 알고 있는 것과

쉽게 비교가 되지 않으면 부정적으로 평가하거나

그 가치를 크게 보지 않는다.

하지만 꾸준히 자신만의 세계를 키워 나가고

자신만의 작품 활동을 해나가는 사람은

그 일이 무엇이든 자유를 누리게 된다.

사람들에게 자주 묻는다.

"정말 어떤 삶을 살고 싶으세요?"

"자유롭게 살고 싶어요."

"자유롭게 사는 게 어떤 건데요?"

"남에게 의존하지 않고 내가 하고 싶은 걸 할 수 있는

삶이요. 쇼핑도 많이 하고 여행도 많이 다니고,

하기 싫은 출근 안 하고 보기 싫은 사람 안 봐도 되고."

나도 비슷한 삶을 생각한 적이 있었다.

정확하게는 내 자유로운 삶을 그렇게 해석한 적이 있었다.

지금은 다르다.

'매 순간 내가 원하는 삶을 기획한다.

그것을 준비하고 실행한다. 그 경험을 통해 성장한다.

주위 사람들과 긍정적인 영향을 주고받는다.'

결정적인 차이는 소유와 여가보다는

도전과 성장이 핵심이라는 것이다.

경제적으로, 시간적으로 여유 있는 삶이 아니라

나를 최대한 확장시켜보는 삶이다.

자유는 성취를 통해 얻는 보상이 아니다.

나만의 세계를 만들어가는 여정이다.

나만의 스토리를 만들어가는 동안

우리는 자유로울 수 있다.

여러분이 만든 세계 속에서 자유를 맘껏 누리길!

〈드림 소사이어티(Dream Society)〉

─롤프 옌센

'과연 정보화 사회 다음에는 어떤 사회가 올까요? 우리 자녀들은 어떤 능력을 키워야 할까요?' 유럽에서 가장 인지도 있는 사회연구기관인 코펜하겐 미래연구소에 던져진 질문이다. 미래연구소 소장이었던 롤프 옌센은 그 대답을 쉽게 할 수 없었다. 4차 산업혁명에 관한 전망들, 인공지능과 빅데이터가 바꿀 미래에 대해서는 많이 논의되어 있지만 그 다음 사회에 대한 모습은 그 누구도 깊이 생각해보거나 분명한 청사진으로 제시한 적이 없었기 때문이다.

과거 농업시대에는 중요한 자본이 농지와 노동력이었다. 산업시대로 넘어와서는 엄청난 자본과 생산설비였고, 지금도 진행 중인 정보화 사회에서는 컴퓨터 작업을 할 수 있는 지식과 데이터가 굉장히 중요한 자본이다. 그러면 그 다음 사회는 어떤 것이 중요할까? 저자는 가까운 미래에는 모든 것이 자동화되고 논리와 이성이 관여된 부분은 컴퓨터가 대체할 가능성이 크기 때문에 오직 사람만이 느낄 수 있는 감성시장이 활성화될 것이라고 전망한다. 그래서 각 개인 또는 상품이 가지고 있는 유니크한 스토리가 중요시 되는 '드림 소사이어티'가 될 것이라고 이야기하고 있다.

이제 사람들이 어떤 제품을 살 때 더 이상 품질의 차이를 따지지 않고 그 제품이 본인의 아이덴티티를 강화시켜줄 수 있는지, 그 상품이 본인을 좀 더 잘 표현해줄 수 있는지가 구매의 주요 판단 기준이 된다. 예를 들면 나이키는 운동화를 파는 기업이 아니라 젊음, 성공, 명성, 승리에 대한 이야기를 만들어 나가는 회사다. 미래의 주요 소비는 비물질적인 속성을 갖게 될 것이며, 모든 기업 또는 개인은 이런 감성시장의 성장에 맞춰 전략을 수정해야 한다고 조언한다. 고객들은 어떤 상품이나 서비스를 볼 때 분명한 스토리와 그에 맞는 이미지가 떠오르지 않으면 더 이상 구매하지 않는다. 왜냐하면 적당한 품질의 제품은 넘쳐나기 때문이다.

우리가 도전정신을 가지고 꾸준히 각자 만의 스토리와 콘셉트를 키워 나가는 것이 중요한 이유다. 과거에는 누구나 인정하는 기준을 만족시키기 위해(입시, 취업 등) 노력했다면 지금은 다른 사람이 쉽게 카피할 수 없는 도전의 스토리를 가진 것이 경쟁력이 된다.

나는 과연 어떤 스토리를 만들어 나가고 있는가?

《만약 고교야구 여자 매니저가
피터 드러커를 읽는다면》

−이와사키 나쓰미

제목부터 특이했다. 사업을 한참 하고 있던 나에게 누군가가 꼭 한 번 읽어보라며 권해준 책이었는데 그 당시 읽고 있던 책들이 많아 그냥 책장에 두었다가 우연히 머리를 식힐 겸 다시 꺼내 봤던 책이다. 솔직히 이야기하면 이 책은 내 인생에 베스트 10권 안에 드는 인생 최고의 지침서가되었다.

책의 내용은 미나미라는 여고생이 야구부 매니저를 맡으면서 어떻게 이 팀을 이끌고 가야 하나 고민하고 있을 때 우연히 피터 드러커(20세기 최고의 지성, 경영전략가)가 쓴 《매니지먼트》라는 책을 읽게 된다. 미나미는 경영이나 조직관리에는 문외한이었지만 이 책에 나오는 내용들을 팀에 적용시킴으로써 본인뿐만 아니라 야구팀도 엄청나게 성장한다는 내용의 소설이다. 소설이지만 중간중간에 언급되는 문구들은 나에게도 큰 자극이 되었다.

"기업의 목적과 사명을 정의할 때 출발점은 단 하나뿐이다. 바로 고객이다. 사업은 고객에 의해 정의된다. 사업은 회사명이나 정관이 아니라 그 회사의 상품이나 서비스를 구입하는 고객의 욕구에 의해 정의된다."

"일한 보람을 느끼게 하려면 일 자체에 책임감을 갖도록 해야 한다. 그렇게 하려면 생산적인 일, 피드백 정보, 지속적인 학습이 필수적이다."

"성과란 야구의 타율 같은 것이다. 약점이 없을 수 없다. 약점만 지적당하면 사람들은 의욕도 잃고 사기도 떨어진다. 뛰어난 사람일수록 많은 실수를 저지른다. 그 의욕과 사기를 중요시 여기는 문화가 중요하다."

난 전공이 경영학이었지만 솔직히 학교 다니면서 경영이 무엇인지 조직관리와 리더십이 무엇인지 전혀 알지 못했던 거 같다. 사업을 하면서도 이런저런 시도를 해보며 많은 시행착오를 겪었다. 그런데 이 책을 읽으면서 지금까지 해왔던 일들이 정리가 되고 앞으로 어떻게 방향을 정해야 하는지 분명해졌던 거 같다. 조직을 떠나 자기 사업을 하고 싶은 사람이나 아주 작은 조직이라도 다른 사람들과 함께 성과를 내야 하는 사람이라면 꼭 읽어보기를 추천한다.

모두 각자의 분야에서 멋진 미나미가 되어보길….

탁월함은 선택이다

'남보다 월등히 뛰어나다.'

탁월의 사전적 정의다. 그래서 우리는 생각한다.

'탁월해지기 위해서는 남보다 뛰어난 재능이 있어야만 한다. 그것만으로 부족하다. 그 재능을 알아봐주고 길러줄 환경이 있어야 한다. 여기에 오랜 시간의 훈련이 더해졌을 때 비로소 탁월해진다. 그러므로 탁월함은 특별한 사람들만의 것이고 다수는 탁월해질 수 없다.'

그러나 나는 누구나 탁월해질 수 있다고 생각한다. 듣기 좋으라고 하는 소리가 아니다. 사실이다.

지금 탁월하다고 평가받는 사람을 떠올려보라. 그 사람이 가진 명성과 부 그리고 성취만 보기 쉽다. 하지만 조금 더 깊이 생각해보면 그의 위대함이 아니라 매 순간 고군분투하는 한 인간을 볼 수 있다. 그 사람의 10년 전 어느 날 아침을 상상해보자. 그날 아침 그는 어떤 선택을 했을까? 장담컨대 어제보다 나은 오늘의 나를 선택했을 것이다. 그 다음 날 역시 어제보다 나은 오늘의 나를 선택했을 것이다. 그런 오늘의 선택이 그의 현재를 만들었다.

탁월함은 선택이다.

'그는 남보다 뛰어난 재능이 있었다. 그런 것이 나에게는 없다.'

물론이다. 몇몇 특별한 사람을 제외하고는 탁월한 재능을 타고나지 않는다. 운동을 잘한다고 해도 주변 사람들에 비해 조금 잘하는 수준이다. 노래를 아주 잘한다고 해도 그 동네에서 잘하는 수준이다. 꼭꼭 숨어 있던 천부적 재능이 20세가 넘어서, 30세가 넘어서 발현될 거라고 기대하기는 어렵다. 그러나 각자 누구보다 뛰어난 재능을 가지고 있다. 바로 자기 자신, 자신만의 취향, 자기만의 세계다.

나는 지금 인생에 대한 질문을 하고 있다. '돈을 얼마나 벌 수 있느냐, 몇 평짜리 아파트에 살 거냐'라는 문제가 아니다. 나에게 주어진 '삶이라는 재료'를 어떻게 쓸 것인가를 묻고 있는 것이다. 돈 때문에 하는 거 말고, 누가 하라니까 하는 거 말고, 남들도 다 하는 취미 수준의 일 말고 자신을 탐구하고 자기만의 세계를 만들어 나가는 일에 삶을 써야 한다는 것이다.

"어떤 인생을 살고 싶으신가요?"

돈과 에너지와 시간을 투입해 구축한 나의 세계에 대한 평가가 끝까지 안 좋을 수 있다. 그러나 그건 중요하지 않다. 내 인생에서 충분히 자유로웠다면 그것으로 충분하다. 나는 그렇게 살려고 한다. 그것이 내게는 멋진 삶이다. 나는 내 인생을 마음껏 써보는 선택을 했다.

누구나 탁월해질 수 있다. 기준은 이미 탁월한 사람이 아니라 아직 시작하지 않은, 제자리에 있는 당신이다. 내 세계에서 과거의 나보다 잘할 여지는 언제나 있다. 오늘 시작하지 않으면 10년 후에도 그대로다. 죽을 때도 그대로다.

좋아하는 것을 찾아야 한다. 그것만으로는 부족하다. 돈이 안 되어도 계속해야 한다. 여기에 오랜 시간의 즐거움과 나만의 해석이 더해졌을 때 비로소 탁월해진다. 나만의 세계로 가버리면 절대적으로 탁월해진다.

그러므로 탁월함은 도전이다.

용기가 필요한 도전이다.

탁월함은 과연 어디에 있을까? 탁월함은 우수함에 있는 것이 아니라 고유성에 존재한다. 우수함은 비교될 수 있지만 고유성은 그대로 절대가치를 가진다.

우리 자신을 돌아보자.

이 세상에서 우리 각자만큼 고유한 존재는 없다.

가장 탁월한 것은 우리 안에 있다.

탁월함은 추구해야 할 목적지가 아니라 끊임없이 찾아야 할 대상이다.

탁월함은 발견이다.

언제나 새로운 시도를 할 때면 두렵고,
내가 지금 잘하고 있는 것일까라는 의문이 든다.
하지만 나는 내 생각, 내 능력을 뛰어넘는
나에게만 주어진 고유의 미션이 있다고 믿는다.

"내게 능력주시는 자 안에서
내가 모든 것을 할 수 있느니라."

－빌립보서 4:13

I can do everything through him who gives me strength.

탁월함은 우리의 운명이자 우리가 삶 속에서 반드시 증명해야 할 과제이다.

탁월함의 발견

2022년 4월 25일 초판 1쇄 발행

지은이   김민기
펴낸이   김남길
펴낸곳   프레너미
등록번호 제387-251002015000054호
등록일자 2015년 6월 22일
전자우편 frenemy01@naver.com
전화   070-8817-5359
팩스   02-6919-1444

ⓒ 김민기, 2022

PHOTO CREDITS
60p 'Dear Moon Project', Dear Moon Homepage
184p meal° Homepage, FREITAG lab.ag Homepage
그 외 셔터스톡, ⓒ김민기

프레너미는 독자를 위한 책, 독자가 원하는 책, 독자가 읽으면 유익한 책을 만듭니다.
프레너미는 독자 여러분의 책에 관한 제안, 의견, 원고를 소중히 생각합니다.
다양한 제안이나 원고를 책으로 엮기 원하시는 분은 frenemy01@naver.com으로 보내주세요.
원고가 책으로 엮이고 독자에게 알려져 빛날 수 있기를 희망합니다.